我国数字图书馆发展研究
——以省市级公共图书馆为例

李晓明　主编

国家圖書館出版社

图书在版编目(CIP)数据

我国数字图书馆发展研究:以省市级公共图书馆为例/李晓明主编. --
北京:国家图书馆出版社,2014.6
ISBN 978 - 7 - 5013 - 5394 - 1

Ⅰ.①我… Ⅱ.①李… Ⅲ.①省级图书馆—数字图书馆—研究—
中国 Ⅳ.①G250.76

中国版本图书馆 CIP 数据核字(2014)第 143899 号

书　　名	我国数字图书馆发展研究——以省市级公共图书馆为例
著　　者	李晓明　主编
责任编辑	高　爽

出　　版	国家图书馆出版社(100034　北京市西城区文津街7号)
	(原书目文献出版社　北京图书馆出版社)
发　　行	010 - 66114536　66126153　66151313　66175620
	66121706(传真),66126156(门市部)
E-mail	btsfxb@ nlc. gov. cn(邮购)
Website	www.nlcpress.com ——→投稿中心
经　　销	新华书店
印　　装	北京科信印刷有限公司
版　　次	2014 年 6 月第 1 版　2014 年 6 月第 1 次印刷

开　　本	880×1230(毫米)　1/32
印　　张	6.75
字　　数	200 千字

书　　号	ISBN 978 - 7 - 5013 - 5394 - 1
定　　价	40.00 元

主　　　编：李晓明

副　主　编：邵　燕

撰稿组成员（以姓氏拼音为序）：

郭　炯　韩　萌　姜晓曦　李晓明

邵　燕　汪　静　温　泉

目　　录

图 目 录

表 目 录

前　　言

　　数字图书馆是数字化、信息化、网络化环境下图书馆新的发展形态，是利用信息技术拓展公共文化服务能力和传播范围的重要途径。近年来，中央和地方各级政府不断加大对图书馆建设的支持力度，《中共中央关于深化文化体制改革推动社会主义文化大发展大繁荣若干重大问题的决定》《关于推进全国美术馆、公共图书馆、文化馆（站）免费开放的意见》等一系列中央文件的出台，为图书馆事业发展提供了良好的社会和政策环境，同时对于数字图书馆的建设与发展也提出了更高的要求。

　　在国家大力推进社会主义文化大发展大繁荣和全面构建公共文化服务体系的大好形势下，我国的数字图书馆建设呈现蓬勃发展景象，进入了整体推进、科学发展、全面提升的崭新阶段。国家层面、行业层面和区域层面都出现了一批高水平的数字图书馆项目，文化信息资源共享工程、数字图书馆推广工程、公共电子阅览室建设计划等全国性重大数字文化工程的启动与实施，更是全面带动了我国公共图书馆的数字图书馆建设水平。但是，由于各地区经济社会发展水平差异，全国范围内的数字图书馆建设还存在着发展不均衡、建设标准有待规范、重复建设等问题，一个覆盖全国的数字图书馆服务体系亟待建立。

　　为全面了解我国公共图书馆的数字图书馆建设整体现状和当前需求，梳理、明确我国数字图书馆建设的未来方向和发展重点，国家图书馆先后于2010年和2012年开展两次全国范围内的数字图书馆建设情况调查，并作为数字图书馆推广工程的牵头实施单位，先后完成四次全国省市级公共图书馆的数字图书馆实施情况汇总，为全面掌握各省市级数字图书馆建设情况提供了强有力的数据支撑。为给各地开展数字图书馆规划与建设工作提供借鉴参考，国家图书馆数字资源部策划并组织编撰了《我国数字图书馆发展研究——以省市级公共图书馆为例》一书，旨在梳理国内外数字图书馆发展历程，总结我国省市级数字图书馆的实践经验，展望数字图书馆的未来发展。

本书内容基于全国省市级图书馆调研数据，数据翔实、针对性强、研究分析扎实深入，通过全国范围内不同区域、不同类型图书馆的横向比较和不同时期同一调研数据的纵向比较，全面、多维度地揭示我国省市级数字图书馆建设的全貌。书中检视了我国数字图书馆在政策环境、技术发展以及用户需求等方面所面临的发展机遇，剖析了我国数字图书馆在基础设施平台、数字资源、服务以及运行保障等方面的发展状况，并对未来数字图书馆发展趋势提出前瞻性思考，充分体现本书写作团队对我国公共数字图书馆事业发展求索实干的向上精神。

本书撰写小组成员主要来自国家图书馆，全书框架与结构由李晓明、邵燕提出并设计，经集体讨论后确定。各位成员在工作外抽出时间与精力，完成编写任务，付出了辛苦劳动。刘溪、孟然、宁雪协助完成相关资料的整理，黄国彬博士为本书的后期改进提出中肯的建议，国家图书馆出版社为本书的出版付出了辛勤劳动，在此一并表示感谢！同时，感谢全国各省市级图书馆对历次调研工作的大力支持，以及对后期的多次数据核实和补充调研的支持！由于时间仓促，本书也难免有纰漏和不当之处，敬请各位读者批评指正。

李晓明

2013 年 11 月于国家图书馆

1 数字图书馆发展概述

上世纪 90 年代以来,以计算机、网络为代表的信息技术迅猛发展,互联网作为一种新的交流和通讯工具,成为人们获取信息的重要渠道,深刻改变了人们的学习方式、工作方式、生活方式。数字图书馆作为网络环境下一种新的信息资源组织与服务形式应运而生,紧密依赖于国家政策、社会经济、信息技术的发展。当前,数字图书馆作为图书馆发展的新形态,其迅猛发展为传统图书馆提供了新的发展机遇和广阔的发展空间,大大提升了图书馆的服务能力,拓展了图书馆的服务范围,丰富了图书馆的服务手段,使图书馆能够突破时空限制,成为没有围墙、没有边界的信息与知识中心。

1.1 数字图书馆基本要素

数字图书馆是网络环境和数字环境下图书馆新的发展形态,是利用高新技术拓展公共文化服务能力和传播范围的重要途径。数字图书馆涵盖多个分布式、超大规模、可互操作的异构多媒体资源库群,面向社会公众提供全方位的知识服务。它既是知识网络,又是知识中心,同时也是一套完整的知识定位系统,并将成为未来社会公共信息服务的中心和枢纽。数字图书馆建设的最终目标是实现对人类知识的普遍存取,使任何群体、任何个人都能与人类知识宝库近在咫尺,随时随地从中受益,从而最终消除人们在信息获取方面的不平等。

1.1.1 数字图书馆的内涵

数字图书馆是不断变化发展的新生事物,今天对于"数字图书馆是什么"有着近百种定义,但对数字图书馆的特点、本质的认识已基本趋于一致。对于一个完整的数字图书馆来说,基本构成应该包括基础设施、资源、服务和标准规范四大方面。其中,基础设施是数字资源建设与服务的支撑,是决定数字图书馆服务形式、服务方式、服务渠道的重要因素;资源是数字图书馆建设的主要内容,是提供各项服务的基础;服务是数字图书馆建设的目的;标准规范是数字图书馆建设的标准依据,是文献资源开发利用和共建共享的基本保障。

(1)数字图书馆基础设施

基础设施包括诸如高速网络传输系统、数字资源存储系统、高性能服务器系统这些硬件基础设施平台,也包括由操作系统、数据库管理系统、各类应用系统组成的系统平台。特别是数字图书馆业务应用系统,是数字图书馆能够运转的核心平台,主要是围绕海量数字资源建设、组织、服务与存储的文献数字化加工系统;资源与知识组织系统;数字资源发布与服务系统;数字资源长期保存系统。

(2)数字资源建设

数字资源建设是数字图书馆建设的核心,也是各项服务的基础。这里谈到的数字资源是以数字形式发布、存取和利用的信息资源的总称。为了更直观地描述数字资源,往往从生命周期的角度进行解析,也就是数字信息资源从生产到消亡的自然运动过程,可以分为数字资源的产生、数字资源的采集、数字资源的组织、数字资源的传播与利用以及数字资源的长期保存。而数字图书馆资源建设是指对信息资源进行选择、采集、组织和管理,使之形成可利用的数字资源体系的过程。

(3)数字图书馆服务

数字图书馆服务是现代图书馆服务的一部分,它利用新技术或网络的方式提供数字馆藏及相关数字资源的检索、发现、获取或推送、咨询、教育服务。实际上,数字图书馆是一个平台,是一个渠道,是一种实现手段。数字图书馆的服务应该是传统图书馆服务的数字化、信息化和基于全媒体的创新,应该覆盖传统图书馆的所有服务对象和服务内容。从这个角度来说,数字图书馆的服务应该能够拓展图书馆服务渠道,覆盖互联网、移动通信网、广播电视网,服务终端涵盖计算机、数字电视、手机、手持阅读器、平板电脑、触摸屏等几乎所有新媒体终端;能够延伸图书馆服务范围,形成为立法决策机关、教育科研及企事业单位、社会公众、图书馆和信息机构服务的多层次格局;能够深化图书馆服务内容,实现数字资源的无缝传递和服务;能够提升图书馆服务质量,为社会公众提供现代化、个性化、多样化的服务。

(4)标准规范建设

标准规范作为数字图书馆建设的基础,是开发利用与共建共享资源的基本保障,是保证数字图书馆的资源和服务在整个数字信息环境中可利用、可互操作和可持续发展的基础。基于数字资源生命周期的数字资源建设标准体系目前已被许多数字图书馆项目所应用,该标准体系主要包括数字内容创建、数字对象描述、数字资源组织管理、数字资源服务、数字资源长期保存几大方面的标准规范。

此外,经费投入、知识产权保护和人才队伍建设都是数字图书馆建设的重要方面,这些因素共同形成了数字图书馆开发利用与资源共建共享的保障,影响着数字图书馆的资源建设规模、服务模式、服务范围。

1.1.2　数字图书馆的特点

经过多年发展,数字图书馆的建设逐步深化,数字图书馆的轮廓日渐明晰。数字图书馆的定义曾经莫衷一是,但对数字图书馆的特点、认识已经趋于一致。数字图书馆是网络环境和数字环境下图书馆新的发展形态,它利用现代信息技术,对海量、分布、异构的数字资源进行整合,形成有序的整体,通过各种媒体提供友好、高效的服务,使人们随时随地获取信息和知识。我们认为数字图书馆应当具备以下特点:

(1)多元的建设方式、海量的数字资源

数字资源是数字图书馆建设与服务的核心。随着信息技术和数字化技术的发展,世界正处在一个数字信息加速膨胀的阶段,越来越多的数字信息不断生成。图书馆作为收集、整理、保存、传播信息知识的中心,其资源建设已经突破传统图书馆资源建设的局限,资源建设途径呈现多元化趋势,包括传统文献数字化、各种类型的原生数字资源、网络获取资源以及其他虚拟馆藏,建设模式包括从单馆的自建和外购,拓展到了馆际共建、联合采购、馆际互购。数字资源日益丰富,为数字图书馆提供了坚实的内容基础,由电子图书、电子期刊、电子报纸、数据库、音视频资源、网络资源等组成的海量数字资源逐步形成。

(2)内容组织有序、信息资源知识化

数字图书馆能够利用现代信息技术,按照统一标准对不同文字、图片、声音、视频等各种信息进行数字化处理。同时,数字图书馆还利用传统图书馆对文献的整理与组织方法,对分布在不同系统中,形态不同、组织方式各异的数字资源进行整合,并基于知识组织和知识挖掘技术,按照主题领域或特定需要,对知识单元进行著录、标引、关联和规范控制,将多种载体、多种形式、多种类型、分散异构的信息资源进行深入挖掘和深度整合,链接和整合各类分布的、多样化的信息资源,再现其知识关联关系,构造知识化的信息资源库,形成一个有机的知识网络,为用户提供统一的、高效的知识服务。

(3)无处不在的泛在化的服务

信息获取途径的多样化,对图书馆开展全媒体、多终端的服务提出新的要求。数字图书馆基于网络环境和信息化环境,以用户及其需求为中心,实现服务范围、服务对象、服务内容、服务功能和服务空间的泛在化。通过服务的泛在化,不断拓展发展空间,延伸服务范围,依托互联网、手机、数字电视、智能移动终端等形式多样的信息传播媒介，提供用户深度参与的、交互式的开放信息交流环境，将数字图书馆服务延伸到一切有用户存在的地方，使任何用户在任何时候、任何地点均可以获得图书馆的任何服务，发挥数字图书馆在网络时代、信息和知识社会中的价值和作用。

(4)业务深度融合、资源高度共享

数字图书馆的基础业务实质上还是采、编、阅、藏，必定要和传统业务相结合，对数字资源生产、组织、保存以及发布服务的生命周期进行全流程管理，包括统筹资源建设、馆藏书目和数字资源一站式发现与获取、统一的服务和整合技术应用，实现实体文献与数字文献有机结合及资源之间的无缝链接，实现到馆服务与网络服务的互补，为读者提供一站式信息服务。同时，数字图书馆的资源具有易于负责、易于传播的特性，基于网络平台和开放协议，使数字图书馆能够为更大范围的用户提供共享的服务。通过对多个分布式异构资源库的无缝集成，能够方便地实现不同数字图书馆系统之间的用户双向认证和资源双向访问，以实现更具深度和广度的资源共享。

1.2   国内外数字图书馆进展

数字图书馆从诞生以来就受到世界各国的普遍关注和广泛欢迎，国内外近年来均投入了巨大的人力、物力进行数字图书馆建设。一些发达国家乃至发展中国家陆续将数字图书馆建设作为国家信息基础设施的重要工程和国家级战略研究方向，并取得显著的成果。

1.2.1   国外数字图书馆进展

20世纪90年代以来，一些发达国家陆续将数字图书馆建设作为国家信息基础设施的重要工程和国家战略研究方向，进行研究和开发。其中,日本国会图书馆启动关西数字图书馆计划;美国宣布实施"国家信息基础设施"(National Information Infrastructure,简称 NII),并先后启动数字图书馆先导研究一期、二期,逐步将数字图书馆列为国家战略。随后英国、法国、澳大利亚、新加坡等国纷纷出台自己的数字图书馆建设计划。21 世纪以来,以世界数字图书馆、欧洲数字图书馆等项目为代表,各国纷纷开展国际合作,共建数字图书馆。短短 20 余年,数字技术在图书馆的应用逐渐深化,已经成为世界图书馆事业发展的必然趋势。

回顾数字图书馆发展历程,其研究与实践可以分为三个阶段:第一是大规模数字化阶段,这一阶段以传统文献数字化加工为主要方式,积累了大量反映国家历史、文化特色的数字资源;第二阶段是关键技术的攻关研发阶段,此阶段以信息技术为基础,围绕海量数字资源的存储与检索、数字资源的发布与服务、异构资源的整合处理等问题进行研究;第三阶段是数字信息服务的集成应用阶段,此阶段的研究重心以信息服务为核心,致力于用户对信息与知识的发现。如今,数字图书馆建设已经在世界各国取得了显著成果,积累了丰富经验,逐步进入了较为成熟的稳步发展期,下面以主要数字图书馆项目为对象,简要论述国外数字图书馆的发展及现状。

(1)美国

美国的数字图书馆研究与建设在全球起步最早,也取得了很大的成就,其发展情况代表了当今数字图书馆发展研究的最新趋势。1995年国会图书馆正式启动国家数字图书馆项目(National Digital Library Project),旨在让"所有的学校、图书馆、家庭同那些公共阅览室的长期读者一样,能够在本地便捷地接触到全新的信息"。项目参建单位除了国会图书馆外,还有公共图书馆、研究图书馆、学术图书馆、博物馆、历史学会等机构,由国会图书馆负责项目的总体协调管理,制定技术标准,审定数字化对象。著名的"美国记忆"(American Memory)则是该项目的旗舰项目。目前,"美国记忆"已建成 100 多个历史资源库,数字作品超过 900 万件,通过"美国记忆"网站面向全世界提供免费获取。2011 年启动的"美国公共数字图书馆"(Digital Public Library of America)项目是美国公共图书馆应对"数字信息孤岛"而提出的跨界合作项目,得到了国会图书馆、Hathitrust 和互联网档案馆(Internet Archive)的大力支持,目前成员单位有 40 多家,包括公共图书馆、档案馆、博物馆等。项目的建设目标是将美国图书馆、档案馆、博物馆等机构的海量数字资源进行集中组织与统一揭示,从而促进美国珍贵历史文化信息的传播与开放获取。目前网站提供 5 424 147 种资源,类型包括图片、手稿、图书、音频、视频等,面向全世界提供免费获取,项目规模及其影响力正在不断扩大。

(2)法国

1997 年,法国国家图书馆启动了数字图书项目 Gallica,到 2008 年延续并发展为 Gallica 2.0,数字资源量在 2010 年已达到 100 万种,其网站的月访问量已逾百万。据最新数据显示,截至 2010 年,可提供数字资源 1 020 766 份,其中 408 190 为文本格式,包括 184 157 种图书,5462 种期刊、杂志和报纸,120 102 份图像,4722 份手稿,9759 张卡片与平面图,2523 份乐谱和 1057 件有声资料,并且资源总量还在以每天1500 份的速度持续增长。法国的文化精品数字化项目(JOUVE)于1998 年启动,每年投入 8100 万法郎,对来自图书馆、档案馆、大型博物馆和文献中心的文化资源进行数字化,并制作相应的目录和解说。2010 年,为了加快数字图书馆资源建设的步伐,法国政府又投入 1 亿欧元,开展针对 40 万本图书、3000 部影片、一系列视频点播以及一个数字报刊网站的数字资源建设项目。这也是 JOUVE 项目的延续,促进了法国数字文化产业的极大发展。

(3)英国

在英国数字图书馆建设中,最具代表性的项目就是 eLib 项目,即英国电子图书馆计划。该计划是由英国高等教育基金会所属的联合情报系统委员会(Joint Information Systems Committee,简称 JISC)于

1993 年提出并组织实施，子项目超过 60 个，涉及 13 个领域，包括复合型图书馆、数字化馆藏建设、电子出版物、网络资源检索等。其目的主要是带动英国高等教育界开发电子图书馆资源，促进信息技术在英国高等教育系统中的应用。该项目总投资达 1 亿英镑，分三个阶段开发建设，前两个阶段致力于资源的开发方面，第三阶段则侧重于资源的整合及利用。其研究成果为促进英国传统图书馆的转型和国家级网络基础设施和数字资源服务奠定了基础，成就了英国一大批新型数字图书馆，逐步把英国数字图书馆的建设带入了国际前沿行列。

（4）日本

日本政府一直注重数字图书馆的研究与开发，并投入了大量资金支持这些研究活动。投资 4 亿美元的"关西图书馆计划"，其目标是成为日本最大的数字图书馆和亚洲地区的电子文献信息中心。2002 年，国立国会图书馆——关西馆作为电子图书馆开馆，标志着"关西图书馆计划"建设成果正式投入使用。此后，日本国立国会图书馆不断加强数字资源建设，加快新技术的应用和服务创新。2009—2010 年，日本国立国会图书馆进行了大规模的数字化工作，大约 90 万册的文献资料被制作成数字资源，同时制订了一个新的 2009—2011 年媒体转换计划，对原始资料进行数字化保存取代缩微胶片。2010 年，引入多平台整合信息搜索服务，实现对日本国立国会图书馆、公共图书馆、档案馆、博物馆和学术研究机构资源的统一发现。2012 年，又引进了下一代图书馆集成系统，实现资源的无缝访问，不断改进用户体验。

（5）新加坡

"新加坡记忆工程"（Singapore Memory Project）由新加坡新闻通讯及艺术部于 2011 年 7 月发起，计划在 2015 年，新加坡庆祝独立 50 周年时，收集 500 万个新加坡故事。"新加坡记忆工程"旨在收集、保留和分享新加坡的回忆和故事，凡是新加坡公民或拥有和新加坡相关经历的人，包括个人、组织、协会、企业和团体都可以贡献他们的记忆、观点和思想。项目由新加坡新闻通讯及艺术部下属的新加坡国家图书馆管理局负责,并将收集的"记忆"发布于 singaporememory. sg 网站上。这一门户网站主要通过使用户能分享记忆与相似经历来建立社区,它能拉近新加坡各行业人员之间的关系,并塑造一个更加坚实的社会关系。每一个新加坡人都可以在自己的记忆账户中存入记忆和故事,并以文本格式、音频文件、视频文件或图像形式保存。目前,新加坡国家图书馆已经收集了超过 100 万条记忆。

(6)国际共建数字图书馆

欧洲数字图书馆项目(European Digital Library)于 2006 年 9 月正式启动,由欧洲委员会资助,总预算金额为 211. 4 万欧元。该项目的主要目标是整合欧洲各国国家图书馆的书目信息和数字馆藏,构建一个跨国家、跨领域,并以用户服务为中心的资源存取基地。2008 年 11 月,欧洲数字图书馆(www. Europeana. eu)正式上线,该网站整合了欧洲的人文、历史,内容涉及文学、历史、艺术、电影等多领域的资源,内容类型包括文本、图像、音频、视频等多种形式。为了将欧洲独特的历史遗迹数字资源纳入到欧洲数字图书馆(Europeana),2010 年 12 月,CARARE 项目启动,汇集欧洲各地的文物机构和组织、考古博物馆、研究机构和数字档案馆专家,实现欧洲独特的历史遗迹资源与 Europeana 的互操作,用户通过 Europeana 统一入口,就可获取欧洲各界的人文历史资料。到 2010 年,该项目完成收录超过 1000 万份数字档案。Europeana 成为国际图书馆界进行跨界合作的典型代表。

世界数字图书馆(WDL)由联合国教科文组织及 32 个合作的公共团体共同成立,其中包括英国、中国、埃及、法国、日本、俄罗斯、沙特阿拉伯及美国等国的图书馆及文化机构。该项目由美国国会图书馆主导开发。世界数字图书馆的主要目的是在全球范围内收集并共享珍贵文献信息资源,并在互联网上以多语种形式免费提供这些信息资源,以加深国家之间了解,促进网络文化的多样性。该项目于 2007 年 10 月启动,网站于 2009 年 4 月正式开通服务,提供全球读者免费使用珍贵的图书、地图、手抄本、影片与照片等服务。WDL 代表着数字图书馆项目的重点从数量到质量的转变,在统一的元数据、多语言界面、协作网络等多个领域都取得了重要突破。

亚洲数字图书馆由中国、韩国、日本三国在 2010 年共同发起,目的是为了更好地体现亚洲文化的深厚内涵,起到传承文化的作用。其目标是共同研究多媒体资源的保存机制和服务模式,研究三国语言的机械翻译方法,逐步建立所有的元数据、对象数据的多语言支持,建立统一的、可持续性发展的数字图书馆门户。目前,亚洲数字图书馆已在统一元数据标准,合作开展数字资源的长期保存、联合提供信息服务等领域开展合作研究。

纵观世界各主要图书馆的发展,数字图书馆建设已突破了区域和行业界限,越来越多的档案馆、博物馆、美术馆和学术机构纷纷加入数字图书馆建设行列,数字图书馆建设内容也从文献资料扩展到档案、藏品类型,跨区域、跨行业的数字图书馆共建共享、便捷搜索发现和全媒体服务已经成为数字图书馆新的发展趋势。

1.2.2 国内数字图书馆进展

我国自 1995 年开始跟踪国际数字图书馆发展,继国家图书馆开始进行数字图书馆研发后,各地区、各系统也纷纷开始进行数字图书馆建设。经过十几年的实践,我国的数字图书馆建设已进入一个快速发展时期,初步形成由国家级、行业性和各区域数字图书馆组成的数字图书馆建设与服务体系。

(1)国家级数字图书馆项目

经过多年的建设,国家数字图书馆在软硬件平台建设、标准规范建设、数字资源建设与数字图书馆服务等多个方面均取得了长足发展,一个内容丰富、技术先进、覆盖面广、传播快捷的国家数字图书馆服务网络初步形成。截至 2013 年年底,国家数字图书馆已经具备万兆高速网络连接,数字资源保有量达到 840 多 TB,通过互联网、移动通信网、广播电视网,服务扩展至数字电视、手机、手持阅读器、平板电脑、电子触摸屏等多种终端,涵盖远程资源访问、整合检索、在线咨询、移动服务等多种服务形式,网站访问量达到 11.5 亿人次,成为世界上最大的中文数字信息保存与服务基地。

为了将国家数字图书馆取得的成果更广泛地的推广,2011 年 5 月,文化部、财政部共同组织实施"数字图书馆推广工程"。经过两年多的发展,工程已经在网络搭建、软硬件平台建设、数字资源共建共享、新媒体服务等方面取得阶段性成果,有效地带动了各地公共图书馆的数字图书馆建设,各省、市级图书馆纷纷立项开始建设自己的数字图书馆,一个覆盖全国的数字图书馆服务体系初见端倪。

全国文化信息资源共享工程作为我国重要的文化惠民工程,利用现代信息技术、将中华优秀文化信息资源进行数字化加工与整合,依托各级公共图书馆、文化馆(站)等公共文化设施,通过互联网、广播电视网、无线通信网等新型传播载体,在全国范围内实现中华优秀文化资源的共建共享。该工程实施以来,已基本形成层次分明、多种方式并用的国家、省、市、县、乡镇(街道)、村(社区)六级公共数字文化服务网络体系。截至 2013 年 6 月,已建成 1 个国家中心、33 个省级分中心、2843 个市县支中心、29 555 个乡镇(街道)基层服务点、60.2 万个村(社区)基层服务点,在丰富和活跃基层群众文化生活,传播社会主义先进文化,促进经济社会协调发展等方面发挥了积极作用。近年来,共享工程又着手实施国家公共文化数字支撑平台、万里边疆数字文化长廊、国家数字文化网、文化网络电视等重点项目,进一步共享优秀资源,提高传输效能,扩大服务影响。

(2)行业性数字图书馆

中国高等教育数字图书馆(CADLIS)是由国家高等教育文献保障系统(CALIS)二、三期工程项目和基于"中美百万册图书计划"(CADAL)的文献数字化工程构成的行业性数字图书馆系统。前者是 CADLIS 的主体工程,后者的主要任务是以扫描加工的方式给 CADLIS 提供百万册量级的扫描版中外文图书文献,丰富 CALIS 及其成员馆现有的数字资源体系。CADLIS 的宗旨是,在教育部的领导下,把国家的投资、现代图书馆理念、先进的技术手段、高校丰富的文献资源和人力资源整合起来,建设以中国高等教育数字图书馆为核心的教育文献联合保障体系,实现信息资源共建、共知、共享,以发挥最大的社会效益和经济效益,为中国的高等教育服务。

国家科技图书文献中心(National Science and Technology Library,简称 NSTL)是一个虚拟的科技文献信息服务机构,成员单位包括中国科学院文献情报中心、工程技术图书馆、中国农业科学院图书馆、中国医学科学院图书馆等。网上共建单位包括中国标准化研究院和中国计量科学研究院。中心设办公室,负责科技文献信息资源共建共享工作的组织、协调与管理。根据国家科技发展需要,NSTL 按照"统一采购、规范加工、联合上网、资源共享"的原则,采集、收藏和开发理、工、农、医各学科领域的科技文献资源,面向全国开展科技文献信息服务。其发展目标是建设成为国内权威的科技文献信息资源收藏和服务中心;现代信息技术应用的示范区;同世界各国著名科技图书馆交流的窗口。

(3)区域性数字图书馆

在国家重大数字图书馆项目的示范引领下,我国地方数字图书馆的建设呈现了联合共建、互联互通、融合发展的特点,部分省市已经初步建成区域数字资源整合与服务的数字图书馆系统。

珠江三角洲数字图书馆联盟是广东省公共图书馆、高校图书馆和科研图书馆联合建立的公益性资源共享服务平台。平台于 2010 年正式开通并投入使用。目前,广东省参加该联盟的图书馆已达 182 个,成为全国规模最大的区域性数字图书馆联盟。珠三角数字图书馆联盟构建了图书与文献资源联合目录,基本覆盖广东省三大系统图书馆的馆藏,目前可检索的元数据已达 1.47 亿条,包括中外文图书、期刊、论文、专利、标准等多类型资源。这些资源全部向全社会免费开放。在用户服务方面,它与联合参考咨询及文献传递网实现无缝链接,使该平台可每天 24 小时接受网上检索和查询,并提供原文传递。

浙江网络图书馆于 2009 年 5 月 26 日正式开通,它是以浙江文化信息资源共享工程和全省公共图书馆的传统文献和数字资源为基础,为广大读者打造的一个统一的、"一站式"资源和服务平台。它通过用户信息和资源的统一认证系统,为全省公共图书馆读者和文化共享工程基层服务点用户提供公益性的数字资源服务。2012 年 2 月 28 日,浙江网络图书馆开通了影视频道。影视频道应用目前先进的流媒体技术,吸收了当前各种视频点播系统的优点,以当今互联网流行的方式,把共享工程国家中心的视频节目、浙江省建设的节目进行了有效的整合,用统一的平台予以展现,实现全省各地便利、流畅的传播。

上海图书馆是国内较早进行数字图书馆建设项目的图书馆之一。1997 年,在上海市政府的支持下,通过设立数字图书馆专项启动了上海数字图书馆项目,1999 年同时进行 7 个数字化项目,2000 年经过系统集成和应用开发,初步建成上海数字图书馆。上海图书馆一直致力于数字图书馆新技术的应用,开拓阅读新体验和泛在知识服务。它也是全国较早开展图书馆短信、手机图书馆、电子书阅读器借阅等服务的图书馆之一。上海图书馆始终坚持数字图书馆与实体图书馆融合发展的战略,在"十二五"期间积极创新探索,向着"无所不在的复合图书馆"全面转型。

经过近 20 年的探索和努力,我国数字图书馆在网络平台建设、关键技术研发、数字资源建设和数字图书馆服务等方面均取得重要进展,为进一步加快各级数字图书馆建设积累了丰富的经验。

1.3　我国数字图书馆发展新机遇

"十二五"时期是我国进一步推进公共文化服务体系建设的重要战略机遇期,国家经济平稳较快增长,社会发展不断进步,信息技术发展突飞猛进,人民群众的生活水平不断提高、精神文化需求日益增长,为数字图书馆的发展提供了良好的政策、社会、技术环境。可以说数字图书馆已经成为图书馆事业发展新机遇和必然趋势。

1.3.1 日益完善的政策环境:数字图书馆基础保障

改革开放特别是十七大以来,国家高度重视文化建设,始终把文化建设放在重要战略地位,不断加大对文化事业的投入,为公共图书馆事业以及数字图书馆的发展提供良好的政策环境。

(1)国家文化发展政策

党的十七届六中全会审议通过《中共中央关于深化文化体制改革推动社会主义文化大发展大繁荣若干重大问题的决定》(以下简称《决定》)。《决定》全面总结我国文化建设的成就和经验,深刻分析文化建设面临的新形势和新任务,阐明中国特色社会主义文化发展道路,确立建设社会主义文化强国的宏伟目标,提出新形势下推进文化体制改革的指导思想、重要方针、目标任务和政策举措。《决定》第五部分对"大力发展公益性文化事业,保障人民基本文化权益"进行了系统论述,指出"必须坚持政府主导,按照公益性、基本性、均等性、便利性的要求,加强文化基础设施建设,完善公共文化服务网络,让群众广泛享有免费或优惠的基本公共文化服务。要构建公共文化服务体系,发展现代传播体系,建设优秀传统文化传承体系,加快城乡文化一体化发展"。同时,《决定》对上述重要问题进行了部署。

党的十八届三中全会审议通过《中共中央关于全面深化改革若干重大问题的决定》,作出了"推进文化体制机制创新"的战略部署,提出要紧紧围绕建设社会主义核心价值体系、社会主义文化强国,深化文化体制改革,加快完善文化管理体制和文化生产经营体制,建立健全现代公共文化服务体系、现代文化市场体系,推动社会主义文化大发展大繁荣。2012年颁布的《国家"十二五"时期文化改革发展规划纲要》围绕建设社会主义文化强国的宏伟目标,明确了"十二五"时期我国文化改革发展的指导思想、方针原则、具体目标任务和重大举措，对文化改革发展作出全面部署。《纲要》第三部分对"加快构建公共文化服务体系"进行了系统论述，提出构建公共文化服务体系、加强公共文化产品和服务供给、加快城乡文化一体化发展、广泛开展群众性文化活动四项基本要求。

（2）公共图书馆领域政策

2011年1月26日，文化部、财政部联合出台《关于推进全国美术馆、公共图书馆、文化馆（站）免费开放工作意见》，对美术馆、图书馆、文化站实现向社会公众免费开放提出要求，成为近年来对公共图书馆事业影响最大的政策之一。开放、平等、免费作为当代我国公共图书馆事业的重要标志，首度以政府文件的形式得以确认。免费开放政策一经推出，全国各级公共图书馆积极响应，一年时间内基本实现无障碍、零门槛进入，公共空间设施场地全部免费开放，所提供的基本服务项目全部免费的目标。

2011年11月，文化部、财政部发布《关于进一步加强公共数字文化建设的指导意见》（以下简称《指导意见》）。在数字化、信息化、全球化的时代背景下，《指导意见》是我国首次制定的关于数字文化的政策性文件，明确了公共数字文化建设对公共文化服务体系建设的重要意义，首次要求将信息技术、数字技术、网络技术等现代科学技术和传播手段应用于公共文化服务体系建设，提出了"构建海量分级分布式公共数字文化资源库群，建成内容丰富、技术先进、覆盖城乡、传播快捷的公共数字文化服务体系"的建设目标。

2013年年初，文化部制定了《全国公共图书馆事业发展"十二五"规划》，这是1949年以来首次由政府主管部门牵头制定的全国公共图书馆事业中长期发展规划。《规划》由发展基础、总体思路、重点任务和保障措施四部分组成，坚持政府主导的原则，基于全面的现实基础分析，提出包括设施网络建设、文献信息资源保障体系建设、服务能力建设、新技术研发与应用、法制化与标准化建设、人才队伍建设在内的十个战略重点,并提出了一系列具体量化的指标,对于明晰"十二五"乃至今后更长一个时期我国公共图书馆事业的发展思路具有重要意义。

除了上述国家文化发展政策的推出和图书馆事业发展规划的制订,公共图书馆相关法规和标准也推动图书馆事业向着法制化、规范化方向发展。2011年年底,由国家质检总局和国家标准委批准公布的《公共图书馆服务规范》成为我国第一个图书馆领域的服务标准,而全国图书馆标准化技术委员会已经以国家数字图书馆工程标准规范成果为草案,申报了17项数字图书馆领域的行业标准。2008年启动立法程序的《公共图书馆法》,目前已纳入十二届全国人大立法规划,并且定为属于条件比较成熟、任期内拟提请审议的一类立法项目。这些法规和标准的制定与实施,标志着我国公共图书馆发展正在迈入有法可依的历史时期。

1.3.2 日新月异的技术变革:数字图书馆创新源泉

随着现代科技和人类社会的进步,信息技术发展从现在起到未来若干年将进入一个非常重要的发展时期,速度快,变化大,从某种意义上来说,信息技术正在经历一场前所未有的质变。这一质变在若干年内就会产生,在这样的前提下,信息技术应用对社会的影响越来越深刻、越来越广泛,已经渗透到社会生活的各个领域和行业当中,对社会经济发展和生活方式转变都产生了至关重要的作用。

(1)若干关键信息技术的发展

通信技术始终伴随着人类文明的进步不断发展,无论是无线通信还是有线通信都取得巨大的发展。目前,全球互联网经过多年发展,数据传输速率不断扩展,主干网带宽已经达到十万兆规模,我国也在2013年年底建成了拥有100Gb/s带宽的主干网。移动通信技术正在由3G向4G过渡,最大的数据传输速率已经从20Mb/s发展到超过100Mb/s。与此同时,蓝牙4.0技术已经实现了超低能耗运行,数据加密和纠错能力大幅提高,一粒纽扣电池能够连续工作数年之久,同时拥有 100 米以上的超长距离传输。而广义的近场通信能够在近距离环境,通过非接触进行数据交换,实现智能标签、移动门票,以及定位服务的验证和登记。

云计算(Cloud Computing)是当前信息技术领域的重要技术,经过多年发展逐步成熟,它作为一种基于互联网的计算模式,提供动态、可扩展的虚拟化资源,能够显著提高行业效率并降低成本。云计算最主要的特征就是 IT 资源服务化,Google、Amazon、IBM 等大型 IT 公司已经开展大规模云计算商业服务。目前已经有许多数字图书馆项目应用云计算,用以解决海量资源的长期保存、信息资源共建共享等方面的问题,例如美国国会图书馆国家数字信息基础设施与保存项目(NDIIPP),利用云计算解决全国性的公共数字遗产的永久保存和有效服务问题;中国高等教育文献保障系统(CALIS),构建了一个多级的 CALIS 数字图书馆云服务中心,为高校用户提供各种类型的数字图书馆服务。

伴随信息和通信技术的发展,人与人之间的沟通,发展到实现人与物、物与物之间的连接,无所不在的物联网通信时代正在来临。最早的物联网是在物流系统领域提出的,用射频识别技术代替条码识别,实现对物流的智能化管理。2005 年,国际电信联盟正式提出了"物联网"的概念。随着技术和应用环境的发展,物联网已经成为依托传感器网络,对海量感知信息进行计算与处理,从而实现智能化识别、跟踪、定位和管理的现实应用,将互联网的数据交换和传递延伸拓展到现实世界。智能家电、工业控制、智能港口码头、智能电网、智能医疗、智能仓储物流的出现,正反映了物联网技术大规模应用的趋势。近年来图书馆使用的 RFID 技术,就是近距离通信和物联网的典型应用。

除此之外,语义网、数据挖掘、知识组织等技术的不断涌现,为图书馆采集和管理海量数字资源、共建共享信息资源、个性化泛在服务等问题提供了新的技术手段。

(2)国家信息基础设施环境逐步完善

近年来,信息技术、网络技术、数字技术迅猛发展,以 IPv6 为核心的下一代互联网、以光网络和 3G 为核心的下一代通信网络、以数字化为核心的下一代广播电视网迅猛发展,三网融合加快推进,手机上网、互联网电视、数字电视等跨网络业务发展迅速。截至 2013 年 6 月底,我国网民规模达 5.91 亿,互联网普及率达 44.1%,其中手机网民规模达 4.64 亿,较 2012 年底增加 4379 万人,网民中使用手机上网的人群占比提升至 78.5%;我国数字电视用户达 1.59 亿户,有线电视数字化渗透率达到 75.98%。

根据我国 2013 年发布的"宽带中国"战略,到 2015 年,基本实现城市光纤到楼入户、农村宽带进乡入村,固定宽带家庭普及率达到 50%,第三代移动通信技术用户普及率达到 32.5%,行政村通宽带比例达到 95%,学校、图书馆、医院等公益机构基本实现宽带接入;城市和农村家庭宽带接入能力分别达到 20Mb/s、4Mb/s,部分发达城市达到 100Mb/s;宽带应用水平大幅提升,移动互联网广泛渗透;网络与信息安全保障能力明显增强。到 2020 年,宽带应用深度融入生产生活,移动互联网全面普及;技术创新和产业竞争力达到国际先进水平,形成较为健全的网络与信息安全保障体系。信息基础设施逐步完善,为数字图书馆全面发展提供了基于多网络平台的信息传输途径和服务渠道。

未来信息技术还将继续以惊人的速度发展,对社会信息交流环境产生更为深远的影响,这一切给数字图书馆带来的绝不仅仅是技术上的革新,还有更加深刻的生存和发展环境的变革。

1.3.3 与日俱增的信息需求:数字图书馆服务之本

信息技术的发展和革新,改变了人们的信息获取途径,人们学习与阅读的习惯也正在改变,并呈现出多渠道、多元化、多媒体的新特点。数字阅读作为一种重要的阅读方式,日益普及,从在线阅读、电子阅读器阅读,发展到以手机、平板电脑等移动终端为载体的无线阅读。

信息技术的发展极大地促进了数字资源的生产,据调查,全球新产出的信息量每 3 年翻一番,大约 90% 的信息都以数码形式储存在某种计算机装置里。根据 2013 年 3 月 IDC 发布数字宇宙研究报告,随着全球范围内个人电脑、智能手机等设备的普及和新兴市场内不断增长的互联网访问量,以及监控摄像机或智能电表等设备产生的数据暴增,使数字宇宙的规模在最近两年翻了一番,达到惊人的 2.8ZB。IDC 预计,到 2020 年,数字宇宙规模将超出预期,达到 40 ZB。截至 2012 年年底,中文网页数量达 1227 亿个,同比 2011 年增长 41.7%。而到了 2013 年 6 月,我国网站总数为 294 万,半年增长 9.6%。与此同时,文献的出版方式也发生了巨大的变化,数字出版日益普及,截至 2010 年年底,中国电子书总量已达 115 万种,年新增 18 万种;单独出版的数字报已达 700 份以上,电子期刊已近万种。人们置身于一个信息无时不在、无处不在的环境中,为数字图书馆提供了更加丰富的资源内容。

互联网时代信息资源的急速膨胀,提供了信息传输途径和获取渠道,改变了人们对信息的获取习惯。截至 2012 年年底,我国搜索引擎用户数达 4.51 亿,博客和个人空间用户达 3.72 亿,微博用户达 3.09 亿,社交网站用户规模达到 2.75 亿。根据中国新闻出版研究院发布的第十次全国国民阅读调查结果,我国数字出版日益普及,国民数字化阅读接触率持续增长,手机阅读接触率增幅明显。2012 年总产出达 1935.49 亿元,同比 2011 年增长 40.47%,中文电子期刊产品从 2009 年的 9000 种增至 2012 年的 2.5 万种,电子图书从 2011 年 7 亿册达到 2012 年的 31 亿册。社会公众的阅读方式悄然发生变化,数字阅读方式的接触率为 40.3%,国民人均电子书阅读量为 2.35 本。新媒体阅读方式中,手机阅读的接触时长呈增长趋势,上网时长和电子阅读器接触时长均有所下降。

与此同时,随着网络信息量的与日俱增,海量信息丰富人们的信息来源,也给人们获取信息造成困扰,从搜索引擎获取的信息时常无法满足人们对信息的需求。人们在海量的信息资源中找到精准、权威、专业化的数据信息的需求与日俱增。据调查,有30%多的网民认为互联网对工作、学习作用不大,通过互联网获取的信息不够可靠。而数字图书馆具有海量的专业信息资源,而且对数字信息资源进行了关联整合,形成有机的知识库,向人们提供了统一、高效的信息检索服务,恰好满足了人们对数字信息资源精准获取的需求。

随着信息技术的不断进步,我国经济、社会发展迈向崭新历史阶段,数字图书馆的发展迎来一个前所未有的时期。图书馆界更应该抓住难得的发展机遇,顺应时代要求,充分利用现代信息技术,积极推动数字图书馆建设,整体提升我国图书馆事业发展水平,使图书馆在经济社会发展中发挥更大作用。

参考文献

[1] 魏大威. 数字图书馆理论与实务[M]. 北京:国家图书馆出版社,2012:18 – 20.

[2] 周和平. 抓住机遇　开拓创新　加快推进我国数字图书馆建设——在2011年中国图书馆年会暨中国图书馆学会年会上的主旨报告[J]. 中国图书馆学报,2012(1):4 – 10.

[3] 魏大威. 数字图书馆理论与实务[M]. 北京:国家图书馆出版社,2012:4 – 5.

[4] 法国"文化数字化"启动[EB/OL]. [2013 – 12 – 10]. http://news. china. com. cn/txt/2010-09/30/content_21043681. htm.

[5] 于良芝. 英国电子图书馆项目评介[J]. 津图学刊,2001(1):7 – 11.

[6] Help & Information Singapore Memory[EB/OL]. [2013 – 11 – 23]. http://www. singaporememory. sg/help-info/#content-about.

[7] 陈凌. 中国高等教育数字图书馆概览[J/OL]. [2013 – 12 – 08]. http://project. calis. edu. cn/calisnew/images1/neikan/4/1-1. htm.

[8] 国家科技图书文献中心[EB/OL]. [2013 – 12 – 20]. http://www. nstl. gov. cn/NSTL/nstl/facade/aboutus. jsp.

［9］中共中央关于深化文化体制改革　推动社会主义文化大发展大繁荣若干重大问题的决定［EB/OL］.［2011－10－25］. http://news. xinhuanet. com/politics/2011-10/25/c_122197737. htm.

［10］周和平. 中国图书馆事业发展报告 2012［M］. 北京:国家图书馆出版社,2013.

［11］关于推进全国美术馆公共图书馆文化馆(站)免费开放工作的意见［EB/OL］.［2011－10－25］. http://www. gov. cn/zwgk/2011-02/14/content_1803021. htm.

［12］申晓娟,胡洁,李丹. 关于"十二五"时期我国公共图书馆事业发展的战略思考——《全国公共图书馆事业发展"十二五"规划》解读［J］. 中国图书馆学报,2012(4):4－11.

［13］范敏. 云计算在数字图书馆中的应用与瓶颈研究［J］. 现代情报,2012(2):147－150.

［14］International Telecommunication Union, Internet Reports 2005:The Internet of things［EB/OL］.［2013－12－12］. http://www. itu. int/osg/spu/publications/internetofthings/.

［15］中国互联网络信息中心. 第 32 次中国互联网络发展状况统计报告［J］. 互联网天地,2013(10):74－91.

［16］国务院关于印发"宽带中国"战略及实施方案的通知［EB/OL］.［2013－08－17］. http://www. gov. cn/zwgk/2013-08/17/content_2468348. htm.

［17］IDC The Digital Universe in 2020:Big Data,Bigger Digital Shadows,and Biggest Growth in the Far East［EB/OL］.［2014－03－30］. http://www. emc. com/leadership/digital-universe/iview/index. htm.

［18］全国国民阅读调查课题组. "第十次全国国民阅读调查"初步成果发布［J］. 出版参考,2013(12):16.

2 全国数字图书馆调研总体情况

数字图书馆是图书馆发展的必然趋势,其建设对于建立覆盖全社会的信息与知识网络,提升公共文化服务水平和能力,推动经济社会发展具有特别重要的意义。我国的数字图书馆经过 10 余年的发展取得了一定的成果,尤其是近年来,国家逐年加大对文化事业尤其是公共数字文化建设的投入,数字图书馆发展面临大好契机。但由于起步晚,当前的数字图书馆建设还存在许多问题,制约着全国范围内数字图书馆的整体发展。

为全面了解我国公共图书馆的数字图书馆建设整体现状和当前需求,梳理、明确数字图书馆建设的未来方向和发展重点,国家图书馆先后于 2010 年和 2012 年开展两次全国范围内的数字图书馆建设情况调查,同时,在数字图书馆推广工程启动实施后,国家图书馆受文化部委托牵头组织实施推广工程建设,在 2013 年开展数次全国省市级公共图书馆的数字图书馆实施情况报送,这些工作为全面掌握各省市级数字图书馆建设情况提供了强有力的数据支撑。以下将研究情况进行总体介绍,并总结问题和不足,以期对全国的数字图书馆建设情况有更真实的了解,同时也对未来的相关研究提供经验借鉴。

2.1 调研概况

全国范围内开展数字图书馆的建设情况调研是一项具有原创意义的研究,需要大量的第一手资料作为支撑,而资料的收集需要按照一整套科学的方法进行。目前通常的资料收集方法包括问卷法、观察法、访谈法、文献法、试点调查法、社会参与法等。问卷调查是一种十分重要的收集原始资料的方法,是根据调查目的设计调查问卷,采用邮寄、直接询问等方式,由调查对象作答,然后经过统计分析得出结论的一种调查研究方法。这种方法适用范围广,有利于定量统计分析。访谈法是调查者通过与被调查者面谈来搜集研究资料的一种方法,特点是灵活性强,适用范围广,回复率高,控制性强。观察法是直接感知、记录与研究目标有关的一切正在发生的社会事实的一种调查方法。文献法是指从各类文献资料中寻找对研究具有参考价值的资料的方法。试点调查法是为了取得某一政策或方案施行的经验,从一个有代表性的基点出发,进行一个时期的持续调查,系统地搜集和积累第一手资料的方法。社会参与方法是研究者参与到社会实践当中,通过亲身参与,了解、观察和记录社会生活的方法。

在调研对象的选取方面,包括全面调查和非全面调查,后者又分为重点调查、典型调查、抽样调查和个案调查。全面调查是指对被调查对象的所有单位逐一进行调查。这种方法收集资料全面,但耗费人力物力最多,调查不深入,仅限于最基本的特征调查。重点调查是在作为被调查对象的全部单位中选择一部分重点单位(所占比重较大的单位)进行调查。这种方法调查也不够深入,但比较节省人力物力。典型调查是根据调查目的,在对被研究对象进行全面分析的基础上,有意识地选择若干具有代表性的单位进行调查,这种方法深入细致,探索事物内在规律,也可以推论全面情况。抽样调查是按随机原则从作为研究对象的全部个体单位中抽取部分个体单位进行调查,以推算总体数量特征。这种方法组织科学严密,耗费较多的人力物力,适用于人口、区域经济发展等的调查。个案调查是对某一具体社会单位进行全面深入的调查研究的方法,这种方法最深入细致,但不能推断总体。

结合我国各省市级图书馆的分布较为分散,且数字图书馆的研究涉及内容非常广泛,缺少全国范围内的一手资料等特点,本研究重点选取了问卷调查法、访谈法、文献法,辅以观察法等其他方法。在调研对象上,以全面调查为目标,但根据我国数字图书馆的大致情况做了一些局部筛选,选取全部的省级图书馆和部分已启动数字图书馆建设的市级图书馆,采取全面调查和抽样调查相结合的方式。

2.1.1 调研背景

(1)2010 年全国数字图书馆情况调研

20 世纪 90 年代,我国开始出现数字图书馆建设热潮,一些全国性、行业性、区域性数字图书馆项目纷纷立项建设,国内各级公共图书馆也纷纷开始寻求转型之路,并向地方政府积极争取经费开展数字图书馆建设,多家省市级图书馆先后向国家图书馆提出合作请求,希望在项目规划、资源建设、服务推送、人才培养等方面获得支持,以加快数字图书馆建设进度。为了解全国的省级数字图书馆建设现状,科学制订"十二五"期间全国的数字图书馆建设规划,国家图书馆于 2010 年 9—10 月对全国副省级以上的 44 家公共图书馆进行数字图书馆建设情况调研,主要是通过向各图书馆的办公室发放问卷,同时辅以电话回访和文献调研的方式,基于该调研所得基础数据,国家图书馆牵头制订数字图书馆推广工程的建设方案,并上报文化部。2011 年 5 月,文化部、财政部联合启动了数字图书馆推广工程。

该次调研共收到 41 家图书馆的反馈,通过对各种调研方式反馈情况进行汇总、统计和分析,大致了解全国副省级以上公共图书馆的数字图书馆发展情况。41 家副省级以上公共图书馆的具体情况如图所示,按地域分包括:东部地区 19 家,中部地区 10 家,西部地区 12 家(见图 2 − 1),分别占比 46.3%、24.4%、29.3%;按图书馆级别分包括:省级图书馆 27 家,副省级图书馆 14 家(见图 2 − 2),分别占比65.9%、34.1%。

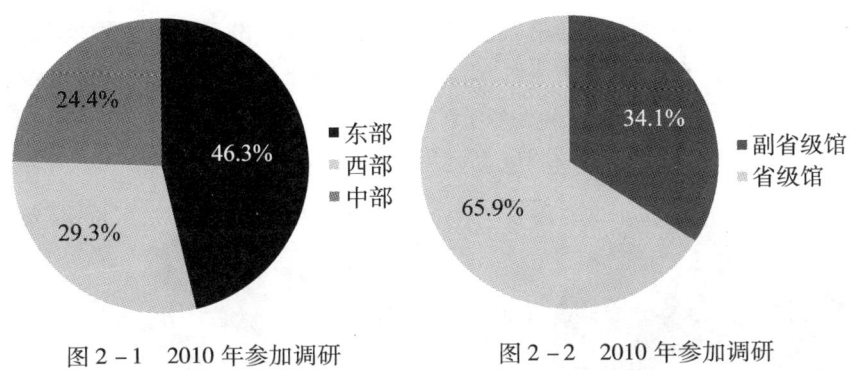

图 2 - 1　2010 年参加调研
图书馆地域分布

图 2 - 2　2010 年参加调研
图书馆行政级别分布

（2）2012 年全国数字图书馆情况调研

2011 年是"十二五"开局之年，经济、政策和社会发展的重大成就为公共图书馆事业的发展创造了积极的环境。2011 年 10 月 18 日，中国共产党第十七届中央委员会第六次会议通过《中共中央关于深化文化体制改革推动社会主义文化大发展大繁荣若干重大问题的决定》，为中国图书馆事业的发展奠定了政策基础。同年，文化部、财政部联合下发《全国美术馆、公共图书馆、文化馆（站）免费开放工作的意见》（以下简称《意见》）的通知，要求在 2011 年年底全国所有公共图书馆全面实现免费开放。《意见》的下发，标志着我国公共文化事业飞速发展的时期到来，国家对于公共文化事业的扶持力度加大，政策的倾向、资金的大量投入与科学分配，有效地提高了公共图书馆的服务能力，保障了我国公民的基本文化权益。同时，2011 年 5 月数字图书馆推广工程的启动，更是为全国范围内公共图书馆的数字图书馆建设注入了强大动力。

2012 年 6—9 月期间，国家图书馆组织开展了对全国省市级图书馆的数字图书馆建设情况的全面调研。调研主要是面向 2012 年已实施推广工程的 217 家省市级图书馆，其余未实施地区，根据我们前期了解，基本上是各地尚未开展数字图书馆建设或图书馆建设基础比较薄弱的市级馆。该次调研通过向各馆办公室（馆长）发放电子或纸质调研问卷,辅以电话和网络调研,共回收问卷 198 份,相应的图书馆包括:东部地区 63 家、中部地区 62 家、西部地区 73 家(见图 2-3),分别占比为 31.8%、31.3%、36.9%;省级图书馆 32 家、市级图书馆 166 家(见图 2-4),分别占比为 16.2%、83.8%。

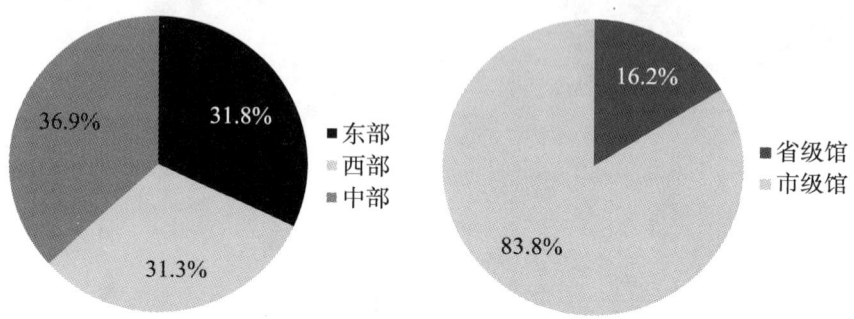

图 2-3　2012 年参加调研　　　　　　图 2-4　2012 年参加调研
　　图书馆地域分布　　　　　　　　　　图书馆行政级别分布

(3)2013 年数字图书馆推广工程实施情况调研

2012 年 9 月,文化部下发了《关于加快实施数字图书馆推广工程的意见》,明确要求各省市级图书馆要按季度汇总并上报本地区推广工程的实施情况,国家图书馆负责汇总全国的实施情况上报文化部。

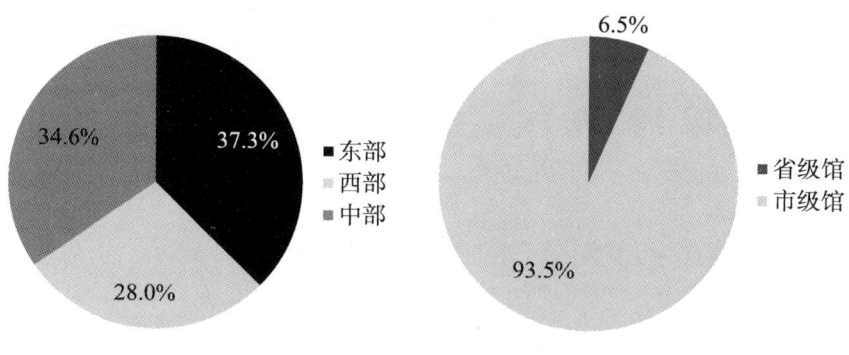

图 2-5　2013 年参加调研　　　　　　图 2-6　2013 年参加调研
　　图书馆地域分布　　　　　　　　　　图书馆行政级别分布

截至2013年12月,全国共有33家省级图书馆和374家地市级图书馆实施了推广工程,因此实施情况报送的数据来源于这407家图书馆;与2012年的全面调查范围基本相当,因此在本研究中,部分内容也直接参考了各地推广工程实施情况的数据,并更新至2013年12月。

2.1.2 调研特点

整体来说,本书所开展对全国数字图书馆建设情况的调研有如下特点:

(1)规模较大

2012年的调研省级公共图书馆的覆盖率是97.0%,市级以上公共图书馆的覆盖率近60.0%,2013年推广工程实施调研几乎覆盖全部地市级以上公共图书馆,这是其他专项研究问卷调查很少能达到的规模。

(2)质量较高

问卷调查组织严密、实施科学,从问卷设计、问卷调查,到问卷验收、录入和数据整理都有相关的培训和规范,保障了问卷调查的质量。

(3)指标较全面

尤其是2012年的问卷,包括7个总表、23个大类、133个指标。基本上涵盖数字图书馆建设的方方面面,为研究我国数字图书馆的整体水平提供比较翔实而全面的数据支撑。

(4)可比性强

从纵向上看,问卷调查强调对一些地区的持续调查,各年度所收集的资料就构成连续的历史资料,便于对各个地区进行历史性的比较研究。从横向上看,所调查的图书馆遍布全国各地,调研数据可以进行横向比较研究。

2.2　问卷描述

（1）2010 年调研问卷

2010 年调研问卷在题目设置上以填空为主,辅以开放式问题,在内容上包括基础设施、基本情况和特色服务、数字资源建设三个方面。详细问卷参见附录一。

针对基础设施调研,我们设计了应用服务器(台)、存储(TB)、业务终端(台)、电子报阅读器(台)、OPAC 终端(台)、局域及互联的网络带宽(兆)等数字图书馆必备设备指标,主要考察该图书馆涉及数字图书馆的软硬件设施是否完善。网络方面,我们针对网络设备、无线网、网点数、网点的类型及类型数研究样本的网络带宽及无线网覆盖率,为进一步研究该数字图书馆服务范围及能力提供数据支撑。针对馆情和特色服务,主要设计的指标为持证用户、数字图书馆覆盖范围、网络服务开通情况、新馆投资(元)、新馆面积(平米)、应用系统以及特色服务(远程服务)7 项。运用上述指标,对数字图书馆应用系统分类、建设可行性及现有特色资源库进行分析研究,以判断样本数字图书馆建设处于何种水平,该省政府对数字图书馆建设是否持积极肯定的态度等。针对数字资源方面,设置了外购数据库数量、自建数据库数量及类型、自建总量等 7 项指标,主要用于调研样本的资源服务质量及资源开发建设能力。

（2）2012 年调研问卷

2012 年数字图书馆的发展突飞猛进,在 2010 年调研的基础上更加注重全面性、科学性和连续性。以问卷调研为主,辅助以电话调研等手段补充样本数据。根据当前数字图书馆建设情况,参考国内外数字图书馆调查研究指标设置等内容,将各项指标进行细分,关键词定性,指标定量,并视情况给予填写范例及注释。调研内容涉及基本馆情、软硬件情况、数字资源建设情况等内容,几乎覆盖数字图书馆的各个方面。详细问卷参见附录二。

在基本馆情方面,设计了人员情况、立项情况、经费情况、部门设置、读者服务工作5项整体指标,同时对各项指标进行细分,用于分析样本图书馆的软实力及其服务效果、政策倾向等内容。

在基础设施方面,主要包括网络、硬件和软件平台,其中网络包括机房、局域网和网络安全、互联网等,硬件包括服务器、存储、终端设备、RFID以及数字化设备等指标。软件系统方面,总体分为应用软件、系统管理软件两大类型。其中应用软件细分为业务自动化系统、光盘等非书资源管理系统、网站内容管理系统等16项;而系统管理软件则细分为网络防病毒、上网行为管理、数据备份恢复、信息系统运维、其他等5项管理软件。这些内容用于评测样本硬件设施的完备性,以及对比样本之间的差异性。

在资源方面,随着各馆对于外购及自建资源的认同,其数字资源已经成为评价数字图书馆资源服务的重要指标之一。因此,资源部分是本次调研的重点项目之一,我们针对数字图书馆外购数字资源、已建及在建数字资源、拟建数字资源三个方面分别设计指标进行评判。其中外购数字资源,主要考察外购数字资源名称、内容范围、数量、时间范围、资源位置、访问控制方式、采购方式等内容。已建、在建数字资源,除名称、内容与外购数据库相同外,着重调研资源类型、规模、数据量、完成时间及使用方式。而针对拟建数字资源,我们设计的主要指标为资源类型、规模、数据量、计划时间、使用方式等。通过这些具体的数据来考察全国图书馆数字资源建设的现状和需求。

(3)2013年调研问卷

按照文化部要求,为全面了解各地图书馆在推广工程的软硬件配置、资源建设、财政投入、人员培训等方面的实施情况和切实需求,2013年国家图书馆针对依托公共图书馆建立起来的数字图书馆开展4次全国范围内的实施情况调研。相比2012年,2013年的调研样本覆盖范围更广,基本覆盖全国所有地市级以上公共图书馆。详细问卷参见附录三。

省馆作为各省数字图书馆的先行者,在省内承担着支柱的作用,因此,2013 年的问卷工作重点依靠省馆,并由省馆负责汇总省内各市级图书馆的情况,大大提高工作效率。2013 年推广工程实施情况调研表中设计了 7 类指标。在数字图书馆财政收入方面,主要调研数字图书馆专项经费及推广工程配套经费,以了解该馆经费来源和总体情况;在硬件设备方面,主要调研各馆硬件设备是否到位,基础实施建设是否完成;在虚拟网建设方面,考察了各省与国家图书馆、省内各级图书馆与省馆之间的虚拟网联通情况;在软件平台部署方面,考察各馆的业务软件平台的建设情况;资源建设方面,重点考察各级图书馆的数字资源建设概况;服务方面,重点考察各级图书馆在数字图书馆服务和宣传推广方面的工作成果及进展;培训方面,重点考察省馆和地市馆人才队伍建设的情况。

2.3 数据处理

问卷录入和数据整理是问卷获得的资料能否被用于研究的重要环节。在不同时期调研的数据进行处理时,采取的处理流程及方法基本相同,以下将进行详细介绍。

2.3.1 问卷验收

在问卷调查过程中,要求很严格,尽量减少偏差,但难免有一些人为的因素造成问卷填写错误。因此,在问卷回收后,我们首先组织了专门的验收工作,对每一份问卷和每份问卷每个填写的问题逐项进行检查,凡不符合填写要求的问题项均注明"无效文件",将该问卷整体淘汰,从而保证问卷数据的有效性和真实性。

所回收的问卷中主要有以下几种无效情况:空白较多或未完成的问卷;全部选择单一选项;随意填答;超过三分之一未作答等情况。上述问卷经剔除后,留下来的有效问卷归入被录入问卷档案,参加录入。

2.3.2　问卷录入

专门的录入程序具有一定的技术性,需要录入人员掌握其中的规律,了解应该注意的事项。同时,录入工作也是一项比较严肃又很枯燥的工作,需要一定的责任心和耐心,为此,参加录入的人员要接受一定的培训。培训的内容既包括技术培训,又包括责任心培养,通过培训可以保证问卷录入的准确性,避免录入过程中的人为错误,提高问卷数据的可用性。

经比较后将有效问卷录入到设置好表头和项目的 Excel 中。为杜绝错入数据的情况发生,录入数据时依据调研数据的特点、编码方式及录入人员个人的操作习惯选择适合的录入方式;数据全部录入之后安排专人进行检查,采用交叉录入校验、随机抽查及频次统计的方式核对录入数据的正确率、查找错误。

此外,为了便于后期的横向比较分析,在设定 Excel 表头项目时,我们增加了机构所属省份、级别(省级、市级)、地域分布(东部、中部或西部)等,为后期的数据分析提供了便利。

2.3.3　缺失值处理

调研统计中的缺失值是指粗糙数据中由于缺少信息而造成的数据的聚类、分组、丢失或截断。它表示现有数据集中某个或某些属性的值是不完全的。缺失值产生的原因主要分为机械原因和人为原因。机械原因是由于数据收集或保存的失败造成的数据缺失。而人为原因是由于人的主观失误、历史局限或有意隐瞒造成的数据缺失,比如,被访人拒绝透露或者答案无效等。

根据缺失值的分布,其处理办法可以分为以下三种:

第一种,简单删除法,即将带有缺失值的个案排除在分析数据范围之外,但是如果缺失程度严重,运用简单删除法也会造成部分数据的流失,最终导致其调研结果失真。

第二种,调查中如果存在遗漏和无回答造成的缺失值,如果条件许可,一般情况下应当首先考虑追加调查取得数据。应对所有问卷进行仔细检查,如有遗漏,首先考虑是否能从前后问题进行推测。若不能推测,且样本总数又不大的情况下,应对受访者进行补充调查。

因此,针对本次调研出现的无效问卷,我们首先采用二次调研的方法,整理出问卷有疑义的部分,通过电话访谈被调查对象,补充数据,从而提高调研结果的真实性和准确性。

第三种,可能值插补法。如果追加调查也无法取得缺失值的数据,根据客观数据,可以运用数学模型,对缺失数据进行可能值补充。缺失值可分为完全随机缺失、随机缺失和完全非随机缺失。如果样本容量足够大,而缺失样本所占比例很小,则可以将缺失数据完全删除,不会对最终数据造成较大影响;若缺失值为完全随机缺失,在样本容量不大的情况下,可运用 SPSS 处理或者相关数学模型,填补数据。通常来说,可用以下几种方法调整缺失值,常用的有均值插补(针对定距型数据)、利用同类均值插补、极大似然估计(针对随机缺失数据)、多重插补等方法。

根据上述缺失值处理方法,结合本次调研指标与数据类型,我们对此次调研数据的缺失值处理作如下规定:单个项目缺失率 < 10%,则采用删除法,直接删除该项目缺失数据。单个项目缺失率 > 10%,则开展了二次调研,追加调查取得数据;单个项目缺失率 > 10%,追加调查也无法再取得缺失值的数据,可用 SPSS 进行缺失值填补(此现象在本文中出现较少,使用几率较低)。

2.3.4 数据分析

数据分析是问卷录入后把原始数据转化成研究可用数据。这是一项很繁重的工作,为此,我们组织了专门的小组,把每次问卷调查得到的数据逐一转化成可供研究直接使用的数据表和各种图形,包括单变量数据和各种交叉数据。在转化这些数据时,依据原始问卷提出的各个指标,尽量多地把可能用得着的各种指标变量都转化成表格和图形,以满足不同使用者的需求。当同一范围内的某个图书馆在某个数据指标上存在纵向历史数据时我们会进行纵向比较分析以观察其变化情况,当在不同级别、不同区域图书馆间横向比较时,我们会提供各个角度的比较分析,以期尽可能全面的将这些指标的意义挖掘出来。

2.4 经验总结

尽管我们在调研中采用科学的方法,但由于各种主客观原因,还是存在一些不足,因此,总结经验和不足为后续研究者提供经验借鉴,也使不同的使用者明确相关数据的局限。主要有以下方面:

(1)加强数据收集的连续性和广泛性

本研究已经非常注意对历史数据的收集,但是由于调研的参与者变化较大,所以在部分指标设计上未能有很好的延续性,造成了一些分析数据的缺失,需要通过补充调研或者电话访谈等方式进行弥补,降低了调研的效率。此外,在研究范围的广泛性方面,仍然存在部分地区问卷回收率比较低,或者某些对区域数据影响较大的图书馆数据无法获取等情况,这些情况一定程度上影响了该区域整体数据的科学性。

(2)加强对问卷填写者的培训

由于此次调研涉及数字图书馆的各方面业务,指标数量非常多,需要填报者进行多个部门的协调,并且要有一定的耐心和对相关指标有正确的理解,但由于问卷主要是通过电子邮件等非即时方式回收,所以存在对指标的理解偏差或敷衍填写的情况。未来,在开展类似研究时,建议对各馆的填报者做相应培训或制作填报的演示文稿,以提高问卷的有效率和题目作答质量。

(3)完善问卷指标设计

整体来说,本研究的问卷指标设计是比较科学和全面的,尤其是2012年的问卷。但是也存在因部分选项设计不清晰,被调查人答案标准不统一的情况,为后期的数据分析增加了难度;此外,目前的问卷也存在选项设计上的一些不足,例如涉及数字图书馆服务效果的问题偏少、标准规范方面的问题不够深入、部分指标之间存在交叉等。这些情况在进行数据分析时体现得比较明显,所以后期也通过文献调研、电话访谈等方式进行了弥补。考虑到未来的持续性研究,我们将对相关指标不断进行完善。

参考文献

[1] 王文录,李克强. 问卷调查及数据资料分析告[M]. 北京:中央民族大学出版社,2008.

[2] 叶至诚,叶立诚. 调研方法与调研报告[M]. 北京:中国纺织出版社,2002.

[3] 胡红晓,谢佳,韩冰. 缺失值处理方法比较研究[J]. 商场现代化,2007(05X):352 – 353.

[4] 时立文. SPSS19.0统计分析从入门到精通[M]. 北京:清华大学出版社,2012.

3　全国数字图书馆基础设施情况

"十二五"期间,随着公共文化服务体系建设的逐步推进,我国数字图书馆建设将进入高速发展期。以数字资源为中心、围绕整个数字资源生命周期的各个业务系统是数字图书馆业务的重要内容组成,也是数字图书馆建设的核心技术支撑。

数字图书馆基础设施包含硬件设施和软件平台。其中,数字图书馆硬件基础设施由机房、网络、存储和安全系统以及数字化设备和数字图书馆服务设备等部分构成。在全国县以上公共图书馆评估定级中,对图书馆现代化技术条件也有明确的要求和具体的考量标准,包括提供读者使用的计算机数量、读者服务区无线网覆盖范围、计算机信息节点、宽带接入、存储容量和图书馆自动化管理系统等内容。数字图书馆硬件设施是数字资源保存和服务的设备保障,也是数字图书馆各个业务系统的运行载体,是数字图书馆建设的基石。

在此基础上,搭载涵盖数字资源加工、组织、保存、揭示等各方面的软件系统和灾备中心,以实现各业务系统的高度整合和良好运转,是数字图书馆软件平台的目标和价值。数字图书馆的总体应用体系是一个由各类应用软件组成的、多层次的复杂系统,在这个体系中各个应用软件都不是孤立的,各个应用软件系统遵循一定的标准和规范、由统一的网络系统、服务器系统、存储系统等系统平台支持,软件之间存在着功能关联、功能互补、功能支持、数据交换、数据共享等关系。在数字资源生命周期全过程管理的理念下,业务应用系统主要包括了用户管理系统、资源采集与获取系统、数字资源加工系统、数字资源的发布与服务系统、数字资源的组织与管理系统等。这些系统的应用为我国数字图书馆业务能力不断加强提供技术支撑,全面地提升了数字图书馆的服务能力。

3.1 数字图书馆硬件设施

3.1.1 机房面积

硬件设备是数字图书馆的技术基础,而建设一个规范化、标准化的机房,更是硬件设施建设的物理基础。机房的温度和湿度以及防静电措施都有严格的要求,其面积大小由图书馆的整体规模、网络结构、设备数量和体积以及未来升级等因素决定。机房面积一定程度上影响着数字图书馆信息化基础构架搭建和整体服务水平。

2012 年调研数据显示,全国各级公共图书馆的机房面积平均值为 $78.7m^2$,机房面积最大的达到 $610m^2$,最小的仅有 $3m^2$,见表 3-1。

不同地区图书馆的机房面积存在显著差异,如表 3-1 所示,东、中、西部地区图书馆机房面积均值分别为 $102.2m^2$、$71.1m^2$ 和 $64.6m^2$,东部地区明显高于中、西部地区,中西部地区机房面积基本持平。东部地区中,天津图书馆的机房面积最大,达到 $610m^2$,厦门市图书馆和山东省图书馆位列其后,分别达到 $550m^2$ 和 $400m^2$;中部地区中,机房面积排名前三的是:河北省图书馆 $400m^2$、黑龙江省大庆市图书馆 $200m^2$、吉林省吉林市图书馆 $190m^2$;西部地区中,机房面积排名前三的是:云南省图书馆 $300m^2$、重庆图书馆 $250m^2$、广西壮族自治区桂林图书馆 $150m^2$。

表 3-1 地区图书馆机房面积情况

区域	平均值(m^2)	最大值(m^2)	最小值(m^2)
东部地区	102.2	610	10
中部地区	71.1	400	8
西部地区	64.6	300	3

不同行政级别图书馆的机房面积亦有差异,如表 3 - 2 所示。省级公共图书馆机房平均面积为 158.6m²,省级机房面积均值是全国均值的近两倍,其机房面积,乃至馆舍面积优势明显。省级图书馆中,机房面积排名前三的是天津图书馆 610m²、山东省图书馆 400m²、河北省图书馆 400m²,而面积最小的仅有 26m²。地市级公共图书馆机房平均面积为 63.1m²。其中,福建省厦门市图书馆机房以 500m² 的机房面积位列第一,面积最小的仅有 3m²,最大面积和最小面积相差 160 多倍。显然,不同地区、不同级别的图书馆机房面积差异巨大,反映出数字图书馆基础硬件水平的显著差异。

表 3 - 2 不同级别图书馆机房面积情况

级别	平均值(m²)	最大值(m²)	最小值(m²)
省级	158.6	610	26
地市级	63.1	500	3

3.1.2 网络环境

(1)接入带宽

网络带宽是衡量数字图书馆网络环境的一个重要指标。带宽越大,信息的输送能力就越强,用户的感受速率就越快,进而带来良好的用户体验。

2010 年全国副省级以上公共数字图书馆建设情况调研数据显示,41 家副省级以上图书馆网络带宽平均值达 172.6Mb/s,南京图书馆网络带宽最高,可提供 1300Mb/s 互联网接入,而最低的网络带宽连接只有 10Mb/s。

2012 年调研数据显示,全国平均网络带宽已经达到 98.7Mb/s,其中,南京图书馆、山东省图书馆、浙江省嘉兴市图书馆的网络带宽在全国范围排名前三,网络带宽分别达到 1300Mb/s、1000Mb/s、1000Mb/s 的互联网接入速度;网络带宽最低的图书馆只能提供 2Mb/s 带宽。具体来说:

不同地区图书馆网络带宽平均值存在差异,如表3－3所示,其中东、中、西部地区平均网络带宽分别为 169.1Mb/s、65.7Mb/s 和 63.2Mb/s,东部地区显著高于全国水平。其中,东部地区网络带宽排名前五位的是:南京图书馆(1300Mb/s)、山东省图书馆(1000Mb/s)、浙江省嘉兴市图书馆(1000Mb/s)、首都图书馆(550Mb/s)、辽宁省图书馆(500Mb/s);中部地区网络带宽排名前五位的是:海南省图书馆(210Mb/s)、江西省图书馆(200Mb/s)、山西省图书馆(200Mb/s)、黑龙江省图书馆(200Mb/s)、河南省图书馆(120Mb/s)、吉林省长春市图书馆(120Mb/s);西部地区网络带宽排名前五位的是:广西壮族自治区图书馆(500Mb/s),重庆图书馆(310Mb/s)、陕西省图书馆(300Mb/s)、贵州省图书馆(200Mb/s)、云南省图书馆(200Mb/s)、青海省图书馆(200Mb/s)。

表3－3　不同地区图书馆网络带宽情况

区域	平均值(Mb/s)	最大值(Mb/s)	最小值(Mb/s)
东部地区	169.1	1300	10
中部地区	65.7	210	2
西部地区	63.2	500	6

不同行政级别图书馆网络带宽平均值差异明显,如表3－4所示。省级图书馆带宽均值为 256.9Mb/s,地市级图书馆网络带宽均值为 60.6Mb/s,省级均值较之地市级均值高出将近3倍。省级图书馆中网络带宽最高为1300Mb/s,最低为10Mb/s;地市级图书馆网络带宽最高为1000Mb/s,最低为2Mb/s。

表3－4　不同级别图书馆网络带宽情况

级别	平均值(Mb/s)	最大值(Mb/s)	最小值(Mb/s)
省级	256.9	1300	10
地市级	60.6	1000	2

据统计,此次调研中副省级以上图书馆可提供的网络带宽服务平均值为215.1Mb/s,较之2010年的172.6Mb/s,增长了24.6%。近年来国家信息基础设施环境的逐步完善为数字图书馆发展提供了广阔的空间,同时各级图书馆为给读者提供更加快捷便利的网络服务,已着力进行网络升级改造和提速。

（2）无线网络服务

随着信息技术的发展,现代图书馆的多元化特征日益明显。建设一个高速、安全、可靠、可扩充的网络系统,以实现图书馆内信息的高度共享、传递,更便捷地为读者提供服务,是现代图书馆的发展趋势,建立无线覆盖网络便是重要途径。对于图书馆而言,建设无线网络,满足当前越来越多的移动设备接入需求,同时可以弥补有线网络位置固化的缺陷。此外,无线网络还有使用灵活、经济节约和易于扩展等特点。对于读者而言,借助无线网络,能够在图书馆内享受便捷的网络服务,随时随地获取图书馆信息资源,极大地优化了用户体验。

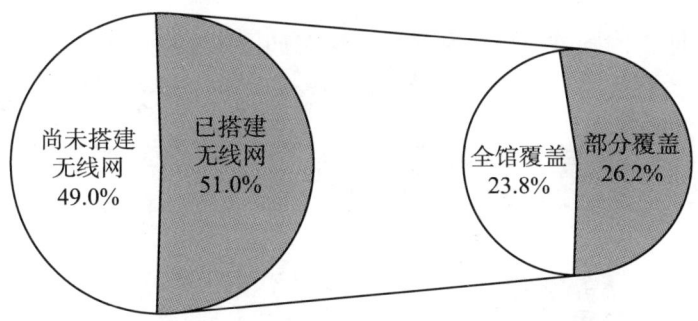

图3-1　2010年无线网络覆盖情况（副省级以上图书馆）

2010年全国副省级以上公共数字图书馆无线网覆盖率达51.0%,其中覆盖全部馆区的达23.8%。21世纪初正是我国数字图书馆第一个建设高峰,到2010年,在数字图书馆建设领域的先行馆中,有的是建成新馆并投入使用,有的是进行网络设施的全面升级改造。

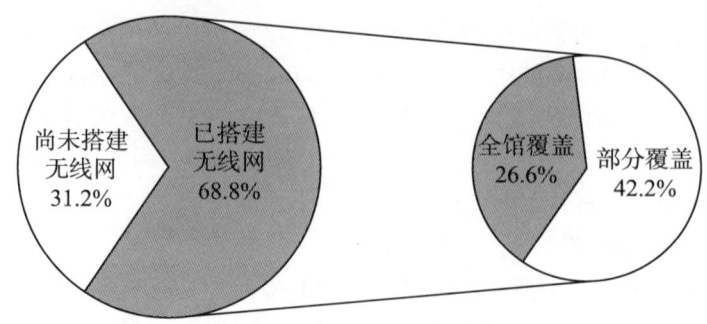

图 3 - 2　2012 年无线网络覆盖情况

　　2012 年全国公共数字图书馆无线网覆盖率达 68.8%。此次调研的图书馆中,已搭建馆内无线网的有 106 家,无线网实现全馆覆盖的有 41 家,占全部图书馆的 26.6%;部分覆盖的有 65 家,占全部图书馆的 42.2%。大多数图书馆都可以通过无线网访问互联网,但也有 7.5% 的图书馆基于网络安全、带宽控制的因素,尚未开放互联网访问。具体分析如下:

　　不同地区图书馆无线网络覆盖情况如图 3 - 3 所示,东、中部地区提供无线网络服务的图书馆分别占 79.2% 和 78.7%,西部地区仅有

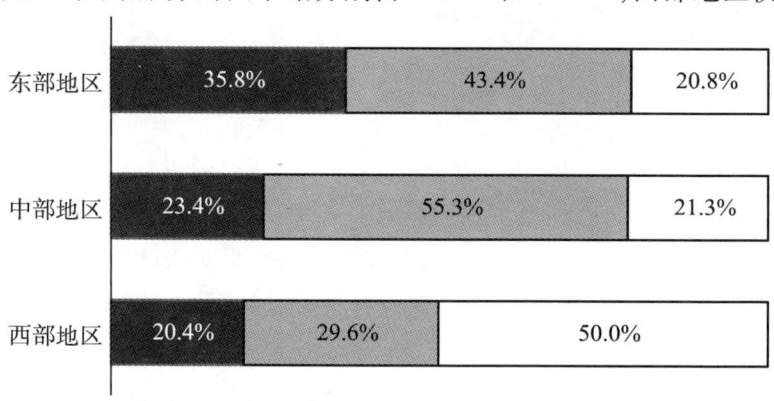

图 3 - 3　不同地区图书馆无线网络覆盖情况

50%的图书馆提供无线网络服务,整体无线网络覆盖情况较弱。

不同级别图书馆提供无线网络服务的情况如图3－4所示,省级图书馆无线网络覆盖率71.4%,地市级图书馆无线网络覆盖率68.3%。由此可见,省市级图书馆提供无线网络服务大致相同。差距主要体现在西部地区,西部地区经济薄弱、人口稀少,对无线网络服务重视力度不足。

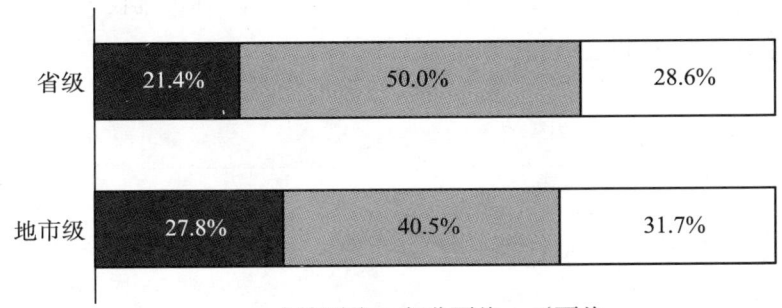

图3－4　不同级别图书馆无线网络覆盖情况

对比2010年和2012年的调研数据,2012年副省级以上图书馆无线网的覆盖率高达78.6%,比2010年提高27.6%,无线网络覆盖率明显上升。为适应信息技术发展,各馆积极开展馆内无线网络建设,但相对其他行业速度略慢。

（3）VPN设备

VPN(Virtual Private Network)即虚拟专用网络,是在公用网络中建立虚拟专用网络的技术,它利用公共网络的物理链路资源,通过加密算法、数据封装和身份验证等技术,搭建出逻辑上的专用独享网络,使节点到节点、节点到网络、网络到网络之间脱离了物理结构的限制,逻辑上形成了封闭的、安全的虚拟网络。因具有专用性、安全性和易扩展性,已成为图书馆实现远程访问的首选技术。一方面可以实现单个或多个接入点远程登录,例如图书馆在面向科研单位、企业、军营开通的 VPN 账户,另一方面可以实现馆与馆之间的数据传输,例如数字图书馆推广工程搭建的数字图书馆虚拟网。

2012 年,全国有 40.9% 的图书馆安装了 VPN 设备,尚有 59.1% 的图书馆未使用。具体来说:

不同地区图书馆 VPN 设备配置率如图 3 - 5 所示,在此次调研的图书馆中,东部地区有 28 家图书馆安装 VPN 设备,占比 44.4%;中部地区有 29 家图书馆安装 VPN 设备,占比 46.8%;西部地区有 25 家图书馆安装 VPN 设备,占比 34.3%。

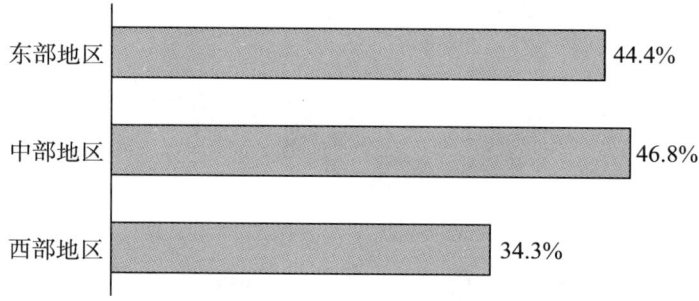

图 3 - 5　不同地区图书馆 VPN 设备配置率

不同级别图书馆 VPN 设备配置率如图 3 - 6 所示,在此次调研的图书馆中,有 22 家省级图书馆安装 VPN 设备,占比 68.8%;有 60 家地市级图书馆安装 VPN 设备,占比 36.0%。省级图书馆虚拟网建设方面相较于地市级图书馆有显著优势。

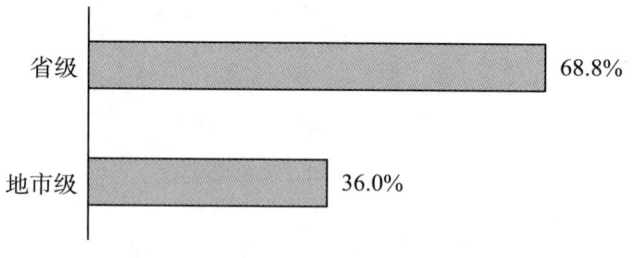

图 3 - 6　不同级别图书馆 VPN 设备配置率

数字图书馆推广工程搭建的数字图书馆虚拟网是以国家数字图书馆为核心,以省级数字图书馆为主要节点,构建国家、省、市、县四级图书馆间互联互通的传输通道。VPN 技术打通了馆与馆之间的资源共享渠道,保证数据传输的安全性,实现用户的远程访问,进而提高了数字图书馆资源利用率,使特色资源、特色服务可以突破馆域限制,实现跨区域服务和全国共享。

据数字图书馆推广工程实施情况显示,截至 2013 年 9 月,47 家副省级以上图书馆与国家图书馆实现虚拟网联通,占我国副省级以上图书馆的 94.0%。24 个省(区、市)开展省内虚拟网搭建工作,累计联通地市级图书馆 139 家。在各地图书馆间合作逐步加深,全国文化信息资源共享工程、数字图书馆推广工程等文化惠民工程逐步推进的背景下,各地区数字图书馆间资源与服务的共建共享成为普遍趋势。

(4)网络安全

随着信息化热潮的到来,图书馆自动化、数字化水平不断提高,业务管理、文献信息服务等工作对网络的依赖程度与日俱增,对图书馆网络安全的要求也越来越高。数字图书馆的网络安全是指整个数字图书馆网络系统不受偶然的或恶意的破坏、篡改和泄露,确保网络设备、网络运行正常和网络数据安全,达到数字图书馆网络信息处理和传输过程中的机密性、完整性、可用性和可控性。防火墙、入侵检测设备、上网行为管理系统作为图书馆网络安全防护体系的重要组成部分,在网络的各个层次上对数字图书馆网络环境、网络主机和应用进行全方位安全保护。面对日趋复杂的数字图书馆系统、海量的数据和信息资源以及复杂的外围环境,建设一套完善的图书馆网络安全防护体系,能使图书馆网络形成多层的安全防护,可以大大提升安全系数。从而降低入侵风险,保护图书馆资产,为读者提供更有保障的、安全的网络服务环境。

防火墙作为图书馆网络安全的第一层防护,在被保护网络和外部网络间构建起屏障,通过监测、限制、更改跨越防火墙的数据流,防止不可预测的、潜在破坏性的侵入,以此来实现网络的安全保护。入侵检测设备被认为是防火墙之后的第二道安全闸门,便于管理、操作简单,具有监视用户和系统的运行状况,查找非法用户和合法用户的越权操作,检测系统配置的正确性和安全漏洞,并提示管理员修补漏洞等功能。上网行为管理系统则可对用户的网络行为进行监测和记录。

2012 年调研的图书馆中,147 家图书馆已配置防火墙设备,占比74.2% ;56 家图书馆配置入侵检测设备,占比 28.3% ;72 家图书馆配置上网行为管理系统,占比 36.4% 。可见,各馆在加强网络安全第一道防护方面做得比较好,但从入侵检测设备和上网行为管理系统的配置方面看,大部分图书馆还没有对数字图书馆网络安全采取进一步的防护措施。具体来说:

不同地区图书馆配置网络安全设备情况如图 3 - 7 所示,防火墙方面,东部地区有 58 家图书馆配置,占比 92.1% ;中部地区有 45 家图书馆配置,占比 72.6% ;西部地区有 44 家图书馆配置,占比 60.3% 。

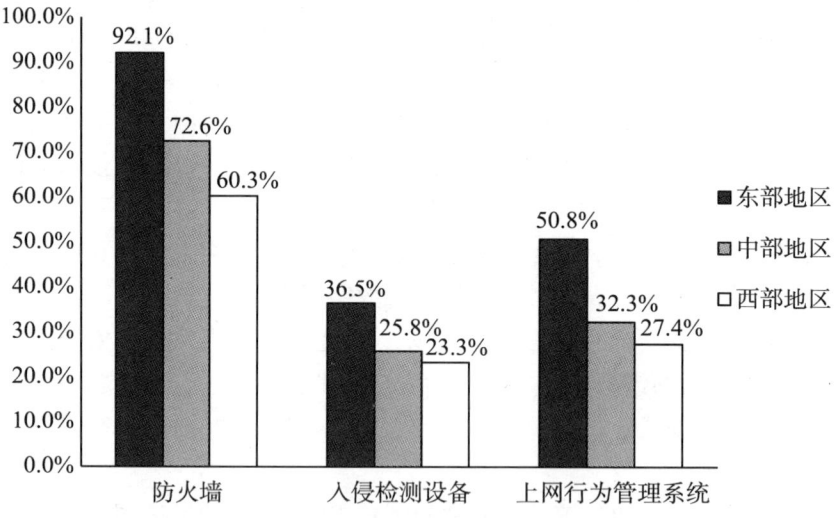

图 3 - 7　不同地区图书馆配置网络安全设备情况

入侵检测设备方面,东部地区有 23 家图书馆配置,占比 36.5%;中部地区有 16 家图书馆配置,占比 25.8%;西部地区有 17 家图书馆配置,占比 23.3%。上网行为管理系统方面,东部地区有 32 家图书馆配置,占比 50.8%;中部地区有 20 家图书馆配置,占比 32.3%;西部地区有 20 家图书馆配置,占比 27.4%。

不同级别图书馆配置网络安全设备情况如图 3 - 8 所示,防火墙方面,省级图书馆有 31 家图书馆配置,占比 96.9%;地市级图书馆有 116 家图书馆配置,占比 69.9%。入侵检测设备方面,省级图书馆有 17 家图书馆配置,占比 53.1%;地市级图书馆有 39 家图书馆配置,占比 23.5%。上网行为管理系统方面,省级图书馆有 16 家图书馆配置,占比 50.0%;地市级图书馆有 56 家图书馆配置,占比 33.7%。

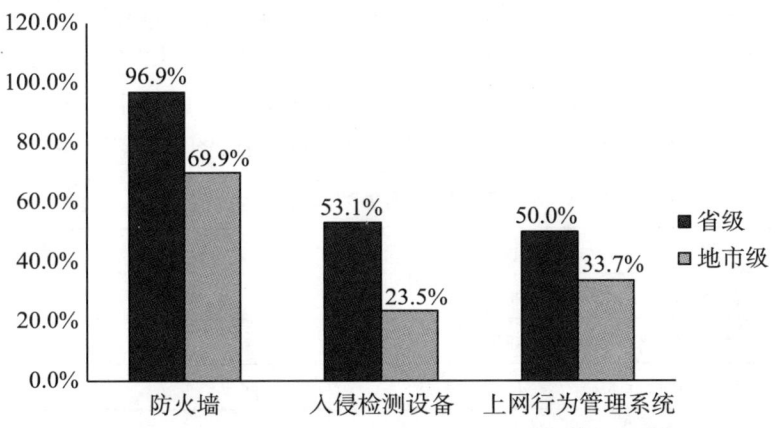

图 3 - 8　不同级别图书馆配置网络安全设备情况

东部地区以及省级图书馆由于网络安全防护意识高,网络安全技术应用较早,且自身的技术实力较强等因素,在网络安全建设方面有明显优势。中、西部地区和市级图书馆在网络安全建设方面相对落后,仍有待加强。

3.1.3 服务器与存储设备

（1）服务器

服务器是数字图书馆网站的灵魂，就像大脑之于身体，有管理各类资源、承担数据处理、保障服务的作用。

2012年调研数据显示，各公共图书馆服务器台数均值为12台[①]。天津图书馆以82台服务器位列第一，最少的仅有1台。具体来说：

不同地区图书馆服务器台数均值如表3-5所示，东、中、西部地区图书馆服务器台数均值分别为18台、9台和7台，东部地区明显高于中、西部地区，中西部地区服务器台数基本持平。东部地区服务器台数排名前三的分别为天津图书馆（82台）、南京图书馆（56台）、山东省图书馆（55台）。中部地区服务器台数排名前三的分别为黑龙江省图书馆（64台）、安徽省马鞍山市图书馆（30台）、河北省图书馆（27台）。西部地区服务器台数排名前三的分别为重庆图书馆（49台）、新疆维吾尔自治区图书馆（23台）、广西壮族自治区图书馆（20台）。

表3-5　不同地区图书馆服务器台数情况

区域	平均值（台）	最大值（台）	最小值（台）
东部地区	18	82	1
中部地区	9	64	1
西部地区	7	49	1

不同级别图书馆服务器台数均值如表3-6所示，省级、地市级图书馆服务器台数均值分别为28台和8台。天津图书馆、黑龙江省图书馆和南京图书馆以82台、64台和56台位列省级图书馆前三名。广东省深圳图书馆、浙江省杭州图书馆和江苏省苏州市图书馆分别以53台、48台和39台位列地市级图书馆前三名。省、市级图书馆服务器数量

---

① 服务器台数按照物理台数统计。

差异与地区经济实力、数字图书馆建设规模和个体需求差异有关。

表3-6 不同级别图书馆服务器台数情况

级别	平均值(台)	最大值(台)	最小值(台)
省级	28	82	8
地市级	8	53	1

(2)存储设备

存储设备是承载系统环境和数字资源的介质,其存储能力关系到海量资源的保存和使用调度。

2010年调研显示,省级图书馆平均存储能力达68.4TB。上海图书馆以287TB的存储能力排名第一,存储值最小的仅有10TB。

在2012年调研中,全国的平均存储能力达到32.7TB。实际存储量最大的是天津图书馆的320TB,最小值为0。具体来说:

不同地区图书馆存储设备实际容量情况如表3-7所示,东、中、西部地区存储设备实际容量均值分别为42.6TB、28.6TB和25.8TB。其中,东部地区存储设备实际容量排名前三位的是:天津图书馆(320TB)、广东省深圳图书馆(170.8TB)、浙江省图书馆(110TB);中部地区存储设备实际容量排名前三位的是:山西省图书馆(130TB),黑龙江图书馆(130TB)、吉林省吉林市图书馆(92TB);西部地区存储设备实际容量排名前三位的是:四川省图书馆(190TB),贵州省图书馆(110TB)、云南省图书馆(100TB)。

表3-7 不同地区图书馆存储设备实际容量情况

区域	平均值(TB)	最大值(TB)	最小值(TB)
东部地区	42.6	320	1.8
中部地区	28.6	130	1
西部地区	25.8	190	0

不同级别图书馆存储设备实际容量情况如表3-8所示,省级和

地市级图书馆的存储设备实际容量均值分别为 76.2TB 和 25.7TB。省级图书馆的存储容量有明显优势,实际存储容量最大值是天津图书馆的 320TB,最小值为 14TB;地市级图书馆实际存储容量最大值是深圳图书馆的 170.8TB,最小值为 0。由于省级图书馆资源丰富、更新快,对存储空间要求相对较高;地市级图书馆资源建设量较小,没有提供更大容量的存储设备。

表3-8　不同级别图书馆存储设备实际容量情况

级别	平均值(TB)	最大值(TB)	最小值(TB)
省级	76.2	320	14
地市级	25.7	170.8	0

各地、各级图书馆存储利用率如表3-9所示,各地、各级图书馆的存储空间利用率基本在60%左右,均有一定的扩展空间。

表3-9　各地、各级图书馆存储利用率

	存储利用率①
全国	61.6%
东部地区	65.5%
中部地区	59.9%
西部地区	56.2%
省级	68.2%
地市级	65.1%

对比两次调研结果,2010 年省级图书馆平均存储能力为 68.4TB,2012 年省级图书馆平均存储能力提高到 76.2TB,增长了 11.5%。存储容量的提高,反映数字图书馆应用对存储系统要求的提高,满足了图书馆日益增长的数字资源需求。

---

① 存储利用率=已用容量/实际容量。

3.1.4 数字资源生产设备

随着时代的发展,网络环境下,数字化设施的装备情况和数字化、网络化服务水平,已经成为数字图书馆的核心能力之一。本次调研涉及的数字化加工设备包括普通扫描仪、普通摄像机、专业扫描仪、专业照相机、专业摄像机和非线性编辑系统六项。

数字图书馆以数字形式贮存和处理信息,它涉及信息资源加工、存储、检索、传输和利用的全过程。信息资源加工就是利用数字资源生产设备以拍摄、转制、扫描等方式,加工和处理信息资源。扫描仪、照相机主要用于图书、古籍拓片等类型资源的数字化,制作文字、图片等静态资源;摄像机利用压缩的数字信号进行动态影像加工,是视频数字化过程的主要设备。非线性编辑系统应用于音视频媒体资源的加工。资源是数字图书馆的核心,信息资源加工是数字图书馆利用信息资源、发挥信息效用,实现信息价值的基础,也是进行数字资源长期保存的基础。

2012 年全国图书馆数字化设备配置率如图 3-9 所示,排名由高到低依次是普通扫描仪、专业照相机、普通摄像机、专业摄像机、专业

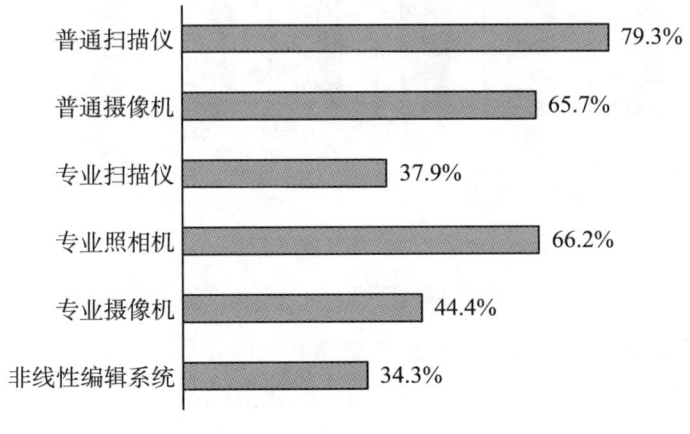

图 3-9 数字化设备配置率

扫描仪、非线性编辑系统。从全国来看,各类数字化设备配置比较完备的图书馆包括广东省深圳图书馆、湖北省图书馆、首都图书馆、天津图书馆、吉林省图书馆和甘肃省图书馆。具体来说:

不同地区图书馆数字化设备配置率如图 3 – 10 所示,东部地区数字化设备配置率高于中、西部地区。其中,东部地区 50% 以上的图书馆配置了各项数字化设备;中部地区数字化设备普通扫描仪、专业照相机和普通摄像机三类设备的配置率相对较高;西部地区数字化设备配置率最高为普通扫描仪,专业扫描仪的配置率最低,仅有 19.2%。

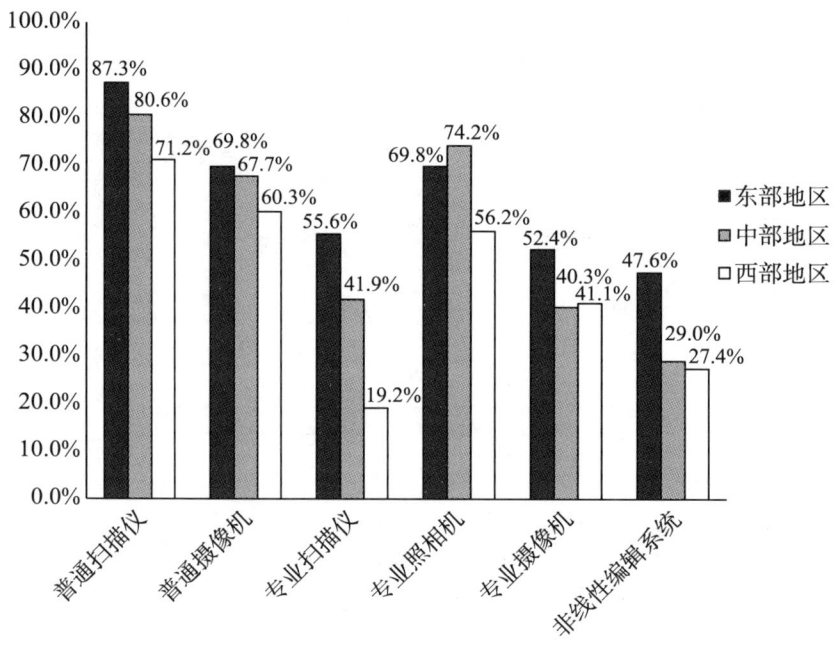

图 3 – 10   不同地区图书馆数字化设备配置率

不同级别图书馆数字化设备配置率如图 3 – 11 所示,省级图书馆数字化设备配置率均在 62.5% 以上,配置情况相对完备;地市级图书馆中,普通扫描仪、普通摄像机和专业照相机三类数字化设备配置率较高,均超过60%。省级图书馆在制作图书、古籍、音视频等资源的设备方面有显著优势,设备配置更加专业化。地市级图书馆配置情况较弱。省级图书馆一般资源规模大、资金丰厚,对数字资源生产设备的购买力强。此外,这也与各馆对各类数字化设备的实际需求量有关。

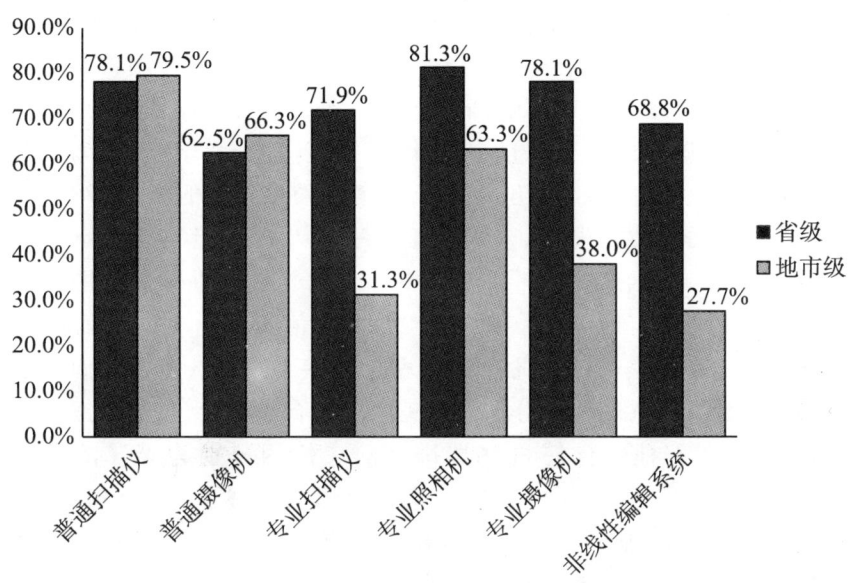

图3-11　不同级别图书馆数字化设备配置率

3.1.5　数字图书馆服务设备

数字图书馆作为图书馆发展的新形态,拥有资源规模海量、资源内容有序、多种媒体服务、平台高度共享等特点,是图书馆在网络环境和数字环境下的必然选择,其迅猛发展大大地提升了传统图书馆的服务能力,拓展了服务范围,丰富了服务手段,也深刻地改变着人们的学习习惯和获取知识的方式。数字图书馆的根本是服务,更好地服务用户是数字图书馆的最高目标和宗旨。但就目前国内公共图书馆开展的数字图书馆服务看,形式还比较单一。

调研中我们选择为读者提供服务的计算机终端、电子阅览室读者用机、OPAC 书目检索用机、触摸屏以及 RFID 清点设备和自助借还机,作进一步分析说明。

(1)计算机终端

图书馆计算机终端是指由最终用户直接使用,完成输入和输出,并具备操作系统的计算机设备,按使用性质可以分为工作用机和服务用机,主要分布于图书馆流通、采编、咨询、办公等各个业务部门。

2010 年调研显示,省级图书馆计算机终端均值达 353 台。南京图书馆以 1305 台计算机终端位列第一,计算机终端最少的馆为 128 台。

2012 年调研数据显示,全国计算机终端均值达到 164 台,其中,天津市图书馆、南京图书馆、重庆图书馆的计算机终端在全国范围排名前三,分别为 1311 台、1162 台和 700 台;最小值为 1 台。具体来说:

不同地区图书馆计算机终端情况如表 3 – 10 所示,东、中、西部地区图书馆计算机终端均值分别为 219 台、151 台和 125 台,数值逐级递减。其中,东部地区计算机终端排名前三位的分别为天津图书馆(1311 台)、南京图书馆(1162 台)、上海市浦东图书馆(662 台);中部地区计算机终端排名前三位的分别为黑龙江省大庆市图书馆(556台)、河北省图书馆(555 台)、黑龙江省图书馆(450 台);西部地区计算机终端排名前三位的分别是重庆图书馆(700 台)、陕西省图书馆(443 台)、云南省图书馆(400 台)。

表 3 – 10　不同地区图书馆计算机终端配置情况

区域	平均值(台)	最大值(台)	最小值(台)
东部地区	219	1311	12
中部地区	151	556	15
西部地区	125	700	1

不同级别图书馆计算机终端情况如表 3 – 11 所示,省级图书馆计算机终端均值 360 台、地市级图书馆计算机终端均值 125 台。其中,

省级图书馆服务器台数排名前三位的分别为天津图书馆(1311 台)、南京图书馆(1162 台)、重庆图书馆(700 台);地市级图书馆服务器台数排名前三位的分别是上海市浦东图书馆(662 台)、广东省深圳图书馆(645 台)、黑龙江省大庆市图书馆(556 台)。省馆在计算机业务终端数量上占绝对优势,东部地区图书馆区域优势较明显。

表 3 - 11　不同级别图书馆计算机终端配置情况

级别	平均值(台)	最大值(台)	最小值(台)
省级	360	1311	20
地市级	125	622	1

对比 2010 年与 2012 年调研结果,以省级图书馆计算机终端台数均值为例,2012 年比 2010 年增长 7 台,有小幅度上涨。终端是各馆数字图书馆建设首要考虑的,目前已基本比较成熟,所以涨幅较小。同时,随着新媒体服务设备的普及,图书馆拓展了服务渠道,用户也有了新的选择。

(2)电子阅览室读者用机与 OPAC 书目检索用机

电子阅览室是图书馆为到馆读者提供馆藏数字化信息资源和网络资源的阵地,是集电子型文献阅览、咨询、培训、服务为一体的现代化多功能阅览室。图书馆电子阅览室读者用机可提供信息检索、数字资源浏览、下载等服务,满足到馆读者的互联网访问需求。OPAC 书目检索用机提供联机公共目录查询服务,读者可以利用 OPAC 书目检索用机实现图书的查找和借阅。

2012 年调研数据显示,全国公共图书馆电子阅览室用机均值为69 台,OPAC 书目检索用机均值为 11 台。OPAC 书目检索用机占电子阅览室读者用机数量的 1/6 左右。其中,天津市图书馆电子阅览室的读者用机最多为426 台,最少为 0 台;OPAC 书目检索用机以海南省最多为173 台,最少为 0 台。具体来说:

不同地区图书馆电子阅览室用机和书目检索用机情况如表 3 - 12

所示,东、中、西部地区图书馆电子阅览室用机均值分别为83台、66台和65台,OPAC书目检索用机均值分别为16台、10台和8台。其中,东部地区电子阅览室读者用机排名前三位的分别是天津图书馆(426台)、浙江省杭州图书馆(300台)、南京图书馆(210台);OPAC书目检索用机排名前三位的分别是上海市闵行区图书馆(80台)、浙江省杭州图书馆(50台)、山东省德州市图书馆(44台);中部地区电子阅览室读者用机排名前三位的分别是黑龙江省大庆市图书馆(317台)、黑龙江省图书馆(240台)、安徽省马鞍山市图书馆(148台);OPAC书目检索用机排名前三位的分别是海南省图书馆(173台)、吉林省通化市图书馆(40台)、河北省图书馆(30台);西部地区电子阅览室读者用机排名前三位的分别是云南省西双版纳州图书馆(231台)、重庆图书馆(206台)、甘肃省嘉峪关市图书馆(160台);OPAC书目检索用机排名前三位的分别是重庆图书馆(50台)、陕西省图书馆(48台)、广西壮族自治区图书馆(34台)。

表3-12　不同地区图书馆电子阅览室用机、书目检索用机情况

区域	平均值(台)		最大值(台)		最小值(台)	
	电子阅览室用机	书目检索用机	电子阅览室用机	书目检索用机	电子阅览室用机	书目检索用机
东部地区	83	16	426	80	16	0
中部地区	66	10	317	173	0	0
西部地区	65	8	231	50	0	0

不同级别图书馆电子阅览室用机和书目检索用机情况如表3-13所示,省级图书馆明显优于地市级图书馆。其中,省级图书馆电子阅览室读者用机排名前三位的分别是天津图书馆(426台)、黑龙江省图书馆(240台)、南京图书馆(210台);OPAC书目检索用机排名前三位的分别是海南省图书馆(173台)、重庆市图书馆(50台)、陕西省图书馆(48台);地市级图书馆电子阅览室读者用机排名前三位的分别是

黑龙江省大庆市图书馆(317台)、浙江省杭州图书馆(300台)、云南省西双版纳州图书馆(231台);OPAC书目检索用机排名前三位的分别是上海市闵行区图书馆(80台)、浙江省杭州图书馆(50台)、山东省德州市图书馆(44台)。

表3-13 不同级别图书馆电子阅览室用机、书目检索用机情况

级别	平均值(台)		最大值(台)		最小值(台)	
	电子阅览室用机	书目检索用机	电子阅览室用机	书目检索用机	电子阅览室用机	书目检索用机
省级	113	27	426	173	10	2
地市级	63	9	317	80	0	0

电子阅览室读者用机是读者在图书馆内查阅资料、获取信息的重要途径之一,OPAC用机读者进行书目检索的工具。它们的配置使用直接影响着数字图书馆读者服务水平。然而受地域经济条件和技术实力的影响,不同地区、不同行政级别的图书馆在读者服务硬件建设上依然存在着资金、服务理念和服务效果等方面的差距。

(3)触摸屏

触摸屏是一种最直观、简洁、便捷的信息查询输入设备,是图书馆信息资源发布与服务的载体之一。在图书馆中为读者提供多媒体检索、多媒体阅览室、电子出版物的管理利用和公共信息查询服务等。读者无需键盘和鼠标,只需手指轻触液晶显示屏的图形、文字或按钮,便可实现触摸体验系统内数字资源的浏览与互动。

2010年调研数据显示,省级图书馆触摸屏均值为3台。上海市图书馆触摸屏数量高达20台,还有一部分图书馆没有配置触摸屏。

2012年调研数据显示,全国公共图书馆触摸屏配置率为44.4%,在配置触摸屏的图书馆中,均值为3台,最大值20台。具体来说:

东部地区触摸屏配置率为58.7%,在配置触摸屏的图书馆中,均值为4台,最大值20台,最小值为0。排名前三位的依次是:天津图书

馆(20 台)、南京图书馆(18 台)、广东省东莞图书馆(10 台);中部地区触摸屏配置率为 37.1%,在配置触摸屏的图书馆中,均值为 3 台,最大值 20 台,最小值为 0。排名前三位的依次是:江西省图书馆(20 台)、海南省图书馆(10 台)、吉林省图书馆(9 台);西部地区触摸屏配置率为 38.4%,在配置触摸屏的图书馆中,均值为 2 台,最大值 14 台,最小值为 0。排名前三位的依次是:云南省保山市图书馆(14 台)、新疆维吾尔自治区图书馆(10 台)、重庆图书馆(10 台)。东部地区触摸屏覆盖率较高,中、西部地区配置率偏低且基本持平;东、中、西部地区触摸屏均值逐级递减。

表 3 – 14 不同地区图书馆触摸屏配置情况

区域	平均值(台)	最大值(台)	最小值(台)
东部地区	4	20	0
中部地区	3	20	0
西部地区	2	14	0

省级图书馆触摸屏配置率高达 81.3%,在配置触摸屏的图书馆中,均值为 6 台,最大值 20 台,最小值 1 台。地市级图书馆触摸屏配置率仅有 37.3%,在配置触摸屏的图书馆中,均值为 2 台,最大值 14 台,最小值为 0。省级图书馆触摸屏均值是地市级图书馆的 3 倍。

表 3 – 15 不同级别图书馆触摸屏配置情况

级别	平均值(台)	最大值(台)	最小值(台)
省级	6	20	1
地市级	2	14	0

对比两次调研中省级图书馆触摸屏均值,2012 年比 2010 年增长了 3 台。触摸屏作为新媒体服务终端之一,逐渐被公共服务意识强、经费充裕的省级图书馆所推崇。

（4）RFID 清点设备和自助借还机

RFID 清点设备和自助借还机均采用了 RFID 技术,它们的使用,加强了图书借阅及管理的自动化水平,减轻图书馆管理员负担,更为读者提供方便。

2012 年调研数据显示,RFID 清点设备在全国图书馆中的配置率为 29.8%,自助借还机的配置率为 28.3%,在配置自助借还机的图书馆中,均值为 6 台,最大值 24 台,最小值 1 台。具体来说:

东部地区 RFID 清点设备的配置率为 34.9%,自助借还机的配置率为 38.1%,在配置自助借还机的图书馆中,均值为 8 台,排名前三位的分别是浙江省杭州图书馆(24 台)、天津图书馆(22 台)、广东省深圳图书馆(17 台);中部地区 RFID 清点设备的配置率为 33.9%,自助借还机的配置率为 35.5%,在配置自助借还机的图书馆中,均值为 3 台,排名前三位的分别是河北省图书馆(12 台)、湖北省孝感市图书馆(10 台)、湖北省武汉市图书馆(6 台);西部地区 RFID 清点设备的配置率为 21.9%,自助借还机的配置率为 13.7%,在配置自助借还机的图书馆中,均值为 4 台,排名前三位的分别是广西壮族自治区图书馆(10 台)、宁夏图书馆(9 台)、陕西省图书馆(6 台)。东、中部地区 RFID 清点设备和自助借还机的配置率基本持平,自助借还机配置率略高于 RFID 清点设备配置率;西部地区两项配置率较低,相较于东、中部地区差距较大。

表 3-16　不同地区图书馆自助借还机配置情况

区域	平均值(台)	最大值(台)	最小值(台)
东部地区	8	24	1
中部地区	3	12	1
西部地区	4	10	1

省级图书馆 RFID 清点设备的配置率为 62.5%,自助借还机的配置率为 56.3%,在配置自助借还机的图书馆中,均值为 6 台,最大值为

天津图书馆的 22 台,最小值为 1 台;地市级图书馆 RFID 清点设备的配置率为 23.5%,自助借还机的配置率为 22.9%,在配置自助借还机的图书馆中,均值为 5 台,最大值为浙江省杭州图书馆的 24 台,最小值为 1 台。

表 3-17　不同级别图书馆自动借还机配置情况

级别	平均值(台)	最大值(台)	最小值(台)
省级	6	22	1
地市级	5	24	1

从调研数据可见,RFID 清点设备和自助借还机保有量较高的图书馆,多是现代化水平较高或刚刚新建馆舍的图书馆。RFID 技术在图书馆的应用,会加快图书的流通效率,减少人工成本。引入先进的读写技术实现自动化的图书借还流程,提高信息存储安全的同时,也提高了借还书的速度。但由于 RFID 设备前期投入大,经费有困难的图书馆尚未开展。从长远角度看,图书馆引进 RFID,可以很大程度上解放图书馆工作人员,让他们有更多的精力投入到其他信息服务中,提高工作效率和服务质量。

3.2　数字图书馆系统平台

3.2.1　系统平台总体应用情况

本次调研共选取用户统一管理和认证系统、网络资源采集系统、视频非线性编辑系统、光盘等非书资源管理系统、数据资源加工和发布系统、网站内容管理系统、资源统一检索系统、馆际互借和文献传递系统、虚拟参考咨询服务系统、移动终端资源访问服务(移动图书馆)、电子阅览室管理系统、数字资源远程访问系统和流媒体点播服务系统等 13 种数字图书馆核心软件系统进行分析,这些软件系统基于数字资源,基本涵盖数字图书馆资源加工整合、采集获取、保存管理、发布服务等方面。

　　各类软件系统配置率如图 3 - 12 所示,我国数字图书馆软件系统配置率整体偏低,其中,8 类系统配置率低于 30% 。排名前三的分别是电子阅览室管理系统、网站内容管理系统和资源统一检索系统,配置率分别达到 69.2% 、47.0% 和 41.4% 。

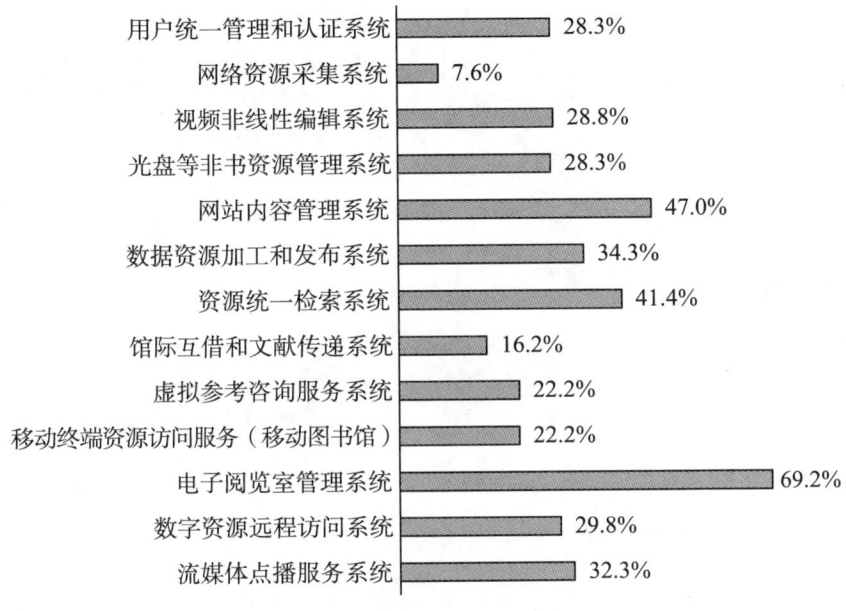

图 3 - 12　图书馆软件系统配置情况

3.2.2　不同系统平台获取渠道

　　各馆获取软件系统的来源主要以购买为主,上级部门配发和自主开发的比例都不大。采用购买方式获得的软件系统排名前三位的依次是电子阅览室管理系统 103 家、资源统一检索系统 67 家和网站内容管理系统 52 家。通过配发获得的系统排名前三位的依次是电子阅览室管理系统 16 家、流媒体点播服务系统 11 家和虚拟参考咨询服务系统 8 家。依靠自主研发的系统排名前三位的依次为网站内容管理系统 28 家、用户统一管理和认证系统 9 家、电子阅览室管理系统 8 家。

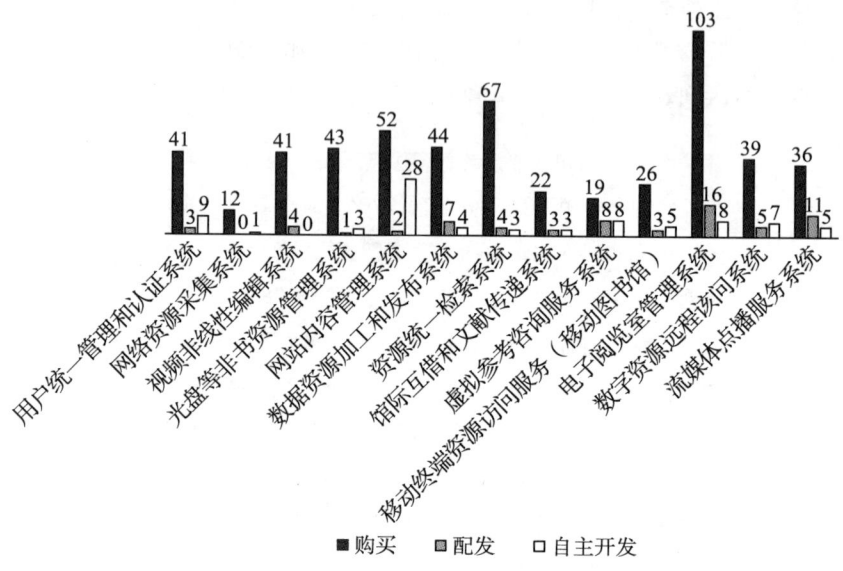

图 3 - 13　图书馆软件系统的获取渠道分析

3.2.3　各类系统平台应用情况分析

对于数字资源,按其生命周期,相关的系统平台大致可以分为数字资源创建与生产系统、组织与管理系统、发布与服务系统以及存储与保存系统,对于完备的数字图书馆系统,还应该有用户管理、信息安全等系统。2012 年调研中,本研究重点考察 13 类系统平台的应用情况。

（1）资源创建与生产系统

资源创建与生产系统主要是将各种类型的资料转化为有序的数字资源。本次调研的资源创建与生产系统主要包括:网络资源采集系统、视频非线性编辑系统、数字资源加工系统。

网络资源采集系统是在通用的开源软件架构基础上建立的用于网页资源采集、保存、索引、回放、检索等功能的软件系统。视频非线性编辑系统是将输出的模拟信号转变为数字信号并储存在硬盘中,再用编辑软件处理,应用于图书馆的音视频采集,网站视频、培训视频后期编辑等工作中。数字资源加工系统将各种数据库、电子图书、电子期刊等进行格式转换、元数据标引等处理,使各种资料具备数字图书馆的基本管理和服务需求。下面将网络资源采集系统、视频非线性编辑系统、数据资源加工和发布系统归为这一类进行分析。

资源创建与生产系统配置情况如图 3 - 14 所示。其中,网络资源采集系统配置率最低,全国仅有 7.6%。中部地区 11.3% 略高于东部地区 11.1%,西部地区最低,仅有 1.4%。省级图书馆 18.8%、地市级图书馆 5.4%。网络资源是构成馆藏资源的重要组成部分,然而绝大多数图书馆尚未对获取此类资源的软件建设予以重视。全国公共图书馆视频非线性编辑系统配置率为 28.8%,在 13 类软件系统中排名

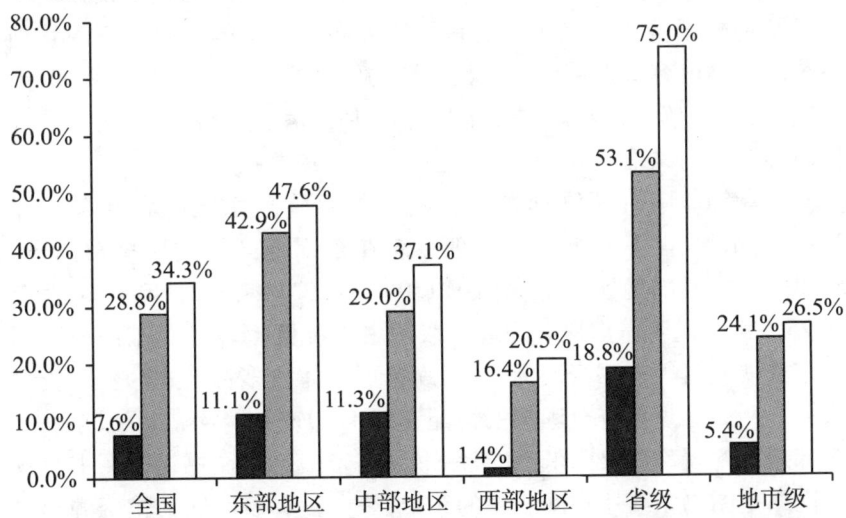

图 3 - 14　资源创建与生产系统配置情况

第7。东、中、西部地区配置率逐级降低,省级图书馆高于地市级图书馆。经济较发达地区的图书馆将讲座视频资源建设作为图书馆信息服务的重要内容,应用于图书馆专题视频讲座后期处理的视频非线性编辑系统被普遍应用。东、中、西部地区数字资源加工系统呈现逐级递减趋势,但差别不大。75.0%的省级图书馆配置了数据资源加工和发布系统,地市级图书馆配置率较低。说明各地省级图书馆在数字资源加工方面能力较强,主要体现在自建资源建设方面,省级图书馆实力较强,而地市级图书馆在这方面则相对较弱。

(2)数字资源的组织与管理系统

数字资源的组织与管理系统包含两个方面内容,一是形成并建立国家数字图书馆数字资源的组织管理体系,二是建立数字图书馆数字资源长期保存体系。下面将光盘等非书资源管理系统和网站内容管理系统归为这一类进行分析。

光盘等非书资源管理系统是集图书馆随书光盘资源、音视频资源以及其他非书资源的加工、编目、网络发布于一体的多媒体资源管理系统。网站内容管理系统是对数字图书馆门户网站进行站点管理、内容创作、审核、发布、采集、检索以及多媒体内容管理等操作,为用户提供内容多样的网络服务。

光盘等非书资源管理系统和网站内容管理系统配置情况如图3-15所示,光盘等非书资源管理系统在东部地区的配置率较高,达50.8%,中、西部地区较低,只有21.0%和15.1%,省级40.6%、地市级25.9%。说明东部地区的地市级图书馆配置率较高。东部地区图书馆重视光盘等非书资源的管理,读者可以体验多种形式的数字资源服务。网站管理系统全国图书馆配置率47.0%,排名第二位。东、中、西部地区配置率逐级降低,省级图书馆高于地市级图书馆。图书馆读者网站是图书馆与用户间联系的纽带,是向读者展示图书馆资源提供服务的重要平台。网站内容管理系统作为支持网站运作的重要后台技术软件,作用重大。

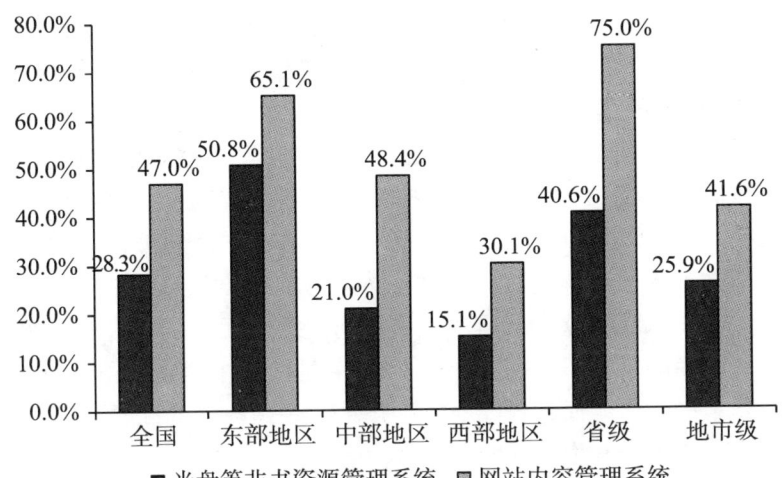

图3－15　数字资源的组织与管理系统配置情况

（3）数字资源发布与服务系统

数字资源发布与服务系统分为发布与服务两个环节。发布是对自建数字资源、外购数字资源、缴送电子出版物、自建的网站网页、获取的网站网页等数字资源进行发布；服务是在发布的基础上为满足用户需求而提供各种应用手段。下面将资源统一检索系统、馆际互借和文献传递系统、虚拟参考咨询服务系统、移动终端资源访问服务（移动图书馆）、电子阅览室管理系统、数字资源远程访问系统、流媒体点播服务系统等7种系统归为这一类进行分析。

不同地区、不同级别图书馆服务类软件系统配置率如图3－16、3－17所示，7种软件系统都呈现东、中、西逐级递减的趋势；省级图书馆软件系统配置率高于地市级图书馆。其中电子阅览室管理系统配置率最高，电子阅览室是图书馆为读者提供数字资源利用与服务的场所，电子阅览室的管理是图书馆自动化系统的重要组成部分，电子阅览室管理系统可以有效地提高电子阅览室的管理效率、服务水平。其次是资源统一检索系统，它整合了图书馆自建及外购资源，满足用户跨库一站式搜索,提高检索效率、节约用户时间。目前在东部地区和省级图书馆应用较多。数字资源远程访问突破空间限制,利用 VPN 等技术,真正使读者足不出户即能享受数字图书馆服务;流媒体点播服务满足用户对音频、视频和多媒体资源的需求;移动图书馆服务让用户体验"手边的图书馆";虚拟参考咨询是图书馆搭建的网络参考咨询平台,读者可以在网上随时提出疑问,工作人员进行实时解答;馆际互借与文献传递系统使用户可以在网上自主提出申请,满足用户文献借阅需求。这几种软件都是为了满足用户需求而提供各种应用手段,它们的应用能够在很大程度上提升数字时代图书馆的科学管理水平和服务水平。从调研情况看,这些服务软件在各馆的配置率都不高,还有很大的提升和发展空间。

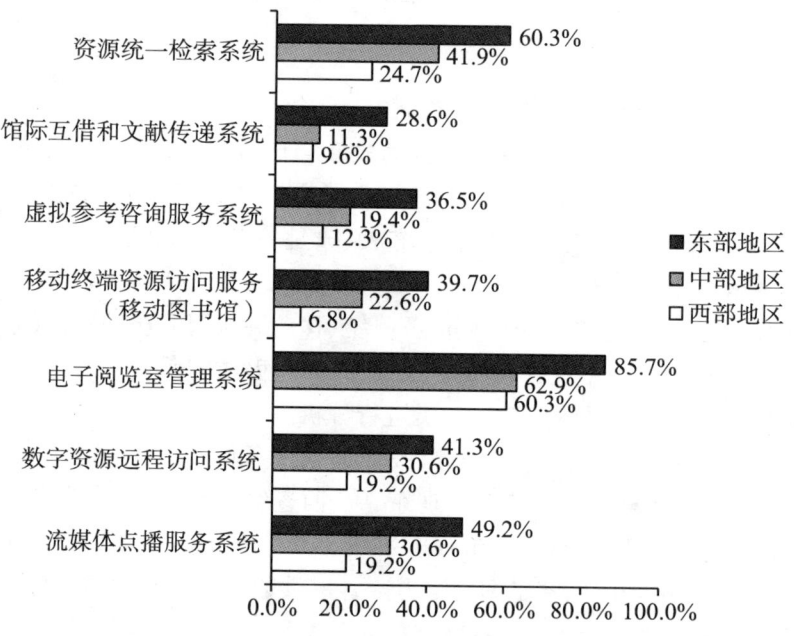

图 3-16　不同地区图书馆数字资源发布与服务系统配置情况

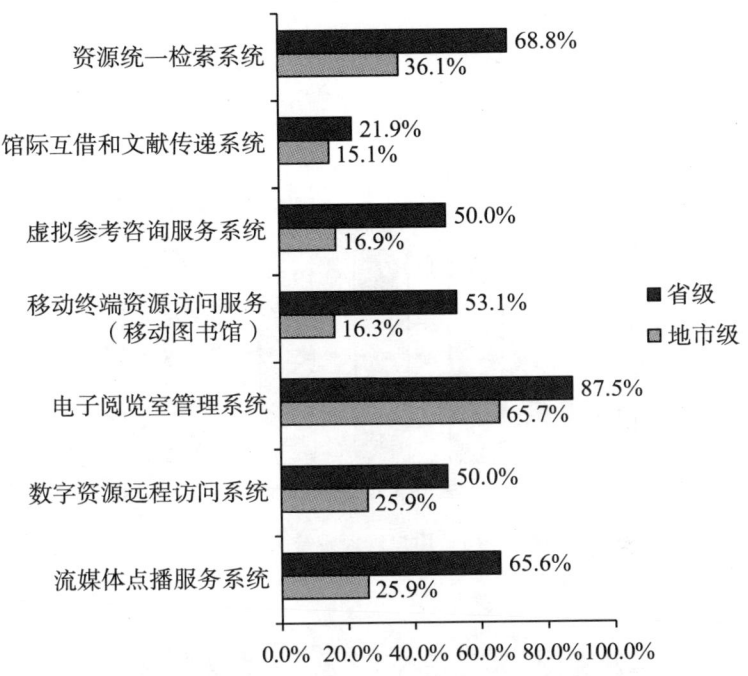

图 3 - 17　不同级别图书馆数字资源发布与服务系统配置情况

(4)用户管理系统

用户管理系统主要负责与数字图书馆用户以及应用之间的交互，是集用户注册、认证、管理为一体的读者信息综合管理平台。下面将用户统一管理和认证系统归为这一类进行分析。

用户统一管理和认证系统配置情况如图 3 - 18 所示，用户统一管理和认证系统在全国图书馆的配置率为 28.3%，相对较低。东部地区配置率 42.9%，高于中部地区 24.2% 和西部地区 19.2% 的配置率。省级图书馆配置情况较好，将近一半比例的图书馆配置了此类系统，地市级图书馆配置率略低。

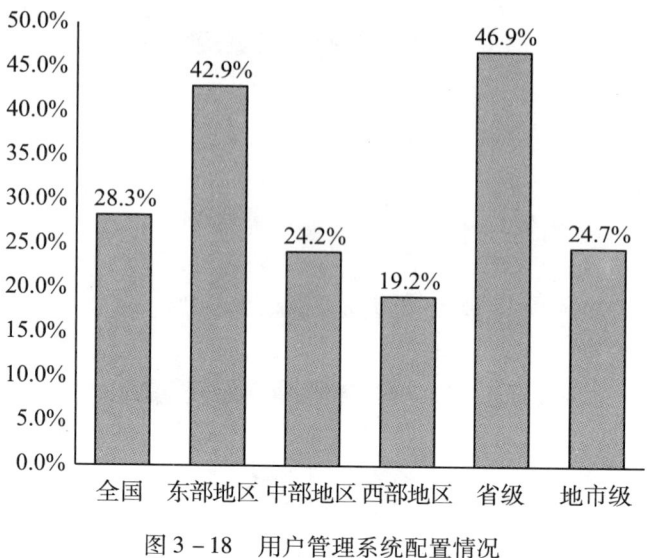

图 3 - 18　用户管理系统配置情况

3.3　数字图书馆基础设施的主要特点

3.3.1　数字图书馆硬件设施建设水平稳步提升

硬件设施建设是数字图书馆各项业务建设的基础保障,也是搭建标准化的数字图书馆服务平台的先行基础。各地经过多年的数字图书馆建设,基础平台的建设成果尤为显著。省级图书馆用于存放设备的机房面积均值高达 $158.6m^2$;全国 47.2% 的图书馆计算机终端达 100 台以上;2012 年省级图书馆平均存储能力提高到 76.2TB,相较于 2010 年增长了 11.5% 。随着数字图书馆推广工程的实施,中央投入大量经费用于图书馆的硬件设施建设,并已初见成效。大多数省级图书馆构建了覆盖数字资源采集加工、编辑、整合发布、保存与服务等流程所需的服务器、存储和终端设备,总量超过三分之一的市级图书馆基本具备了开展数字图书馆基础建设与服务的硬件条件。

3.3.2 数字图书馆网络平台初具规模

网络的互联互通是数字图书馆开展服务和数据传输的必要条件。各馆带宽大幅提升、无线网络覆盖率的提高以及网络安全设备的更新使用,为数字图书馆建设创造优质的网络环境,覆盖全国的服务网络体系已基本形成。2012年,省级数字图书馆的带宽均值从2010年的199.8Mb/s提高到了256.9Mb/s,46.1%的图书馆带宽达100Mb/s以上;副省级以上图书馆无线网的覆盖率高达78.6%,比2010年提高27.6%。同时,随着推广工程的实施,在全国范围内已初步形成覆盖国家、省、市、县四级图书馆的互联互通的网络服务体系,为开展我国范围内的共建共享提供了网络支撑。

3.3.3 数字图书馆软件系统逐步应用

在软件平台建设方面,大多数省级馆和部分市级馆已开展数字图书馆软件系统应用,电子阅览室管理系统、网站内容管理系统、资源统一检索系统、数据资源加工和发布系统、流媒体点播服务系统5类软件系统的配置率超过30%,其中电子阅览室管理系统配置率达到69.2%。此外,超过一半的省级图书馆开展了数字图书馆各业务软件的购买与开发,尤其是推广工程自2012年面向全国省级图书馆开展了统一用户、唯一标识符等一系列软件平台的推广部署,多数省级图书馆具备了数字图书馆建设与服务的技术基础;市级图书馆情况差异较大,一些相对深层的资源加工、创新服务(如专业扫描、摄像、RFID、移动数字图书馆服务等)的软硬件条件尚未具备。

3.4 数字图书馆基础设施存在的问题

3.4.1 各地基础设施建设发展不均衡

东部地区设施优势明显,中西部地区较为落后。"十二五"时期,各地党委、政府对于"文化大发展大繁荣"的理解不尽相同,对公共文化服务体系的政策保障、财政投入也存在差异。国内图书馆事业大体呈现"东强西弱"的特征,但近年来,我国各级政府对数字文化,特别是数字图书馆的建设加大投入,多种政策文件陆续出台,各项文化惠民工程付诸实施,各地数字图书馆的基础设施建设水平均得到有效提升。

省级图书馆"龙头"效应明显,地市级图书馆硬件设施有待加强。大部分省级图书馆位于省会城市中心地带,经济较发达;而地市级图书馆所辖范围较小,且由于有些地区政府重视力度不够、图书馆建设情况参差不齐,使得部分地市级图书馆硬件设施建设亟待加强。图书馆的发展也并不完全受制于经济发展水平。决策者是否重视图书馆建设,直接影响到图书馆在当地政府工作中的位置。

3.4.2　硬件基础设施建设前瞻性不足

硬件设施建设要以发展的眼光看问题,有前瞻性,建设不应只局限于解决眼前的矛盾。建设一套好的硬件设备,可为图书馆未来的发展留有空间。此外,还应加大对硬件设备维护的重视。通过调研我们发现,很多图书馆在硬件建设方面还有很大的扩展空间。而且随着读者对数字图书馆服务需求的提高,对硬件设施的考验度也更强。为了适应时代的要求,各馆急需加紧完善各项硬件设施,除了提高意识外,还需争取中央和地方政府的政策和财政支持,加大对图书馆事业投入力度,调整公共图书馆事业与经济的发展关系,促进文化事业与经济建设和谐发展。

3.4.3　基于数字资源生命周期的软件系统应用有待完善

软件系统应用水平整体偏低。从调研结果来看,我国数字图书馆整体软件系统应用率偏低,其中有 8 类的应用率不超过 30%。应用最多的三类软件系统电子阅览室管理系统、网站内容管理系统、资源统一检索系统,其应用率仅分别为 69.2%、47.0%、41.4%。这三类系统相对其他系统较为独立,易于开发应用,建设起步较早。然而,涉及数字资源生产、加工、整合、管理等方面的软件系统应用率普遍偏低。以网络资源采集系统为例,虽然网络资源采集与存档正是近些年全球图书馆、档案馆、信息技术等领域研究和应用的热点,但在我国数字图书馆应用率仅达到了 7.6%。软件系统应用情况,直接体现并映射了我国数字图书馆业务形态的发展现状,一方面我国各地各级数字图书馆对自身的职责定位和建设重点尚在探索之中,数字图书馆未形成有机的整体;另一方面在实际建设中,很多数字图书馆存在着日益增长的数字资源建设需求和落后的建设能力之间的矛盾。

软件系统开发整合能力较弱,各馆的软件系统主要通过购买手段获得,配发的比例不高,有能力进行自主软件开发的图书馆更少。为建设一个健全的数字图书馆,建立一个标准、规范、易用的业务软件平台是关键。各馆需加紧配置软件系统,增强馆际合作,并加强专业技术人员的引进,提高自主研发能力和水平。

3.4.4　支持新媒体服务的基础设施有待加强

适应数字阅读的新媒体基础环境尚未建立,其硬件设备和软件平台建设都有待开展。3G 的普及、无线网络的发展和手机应用的创新促成了我国手机网民数量的快速提升,直接推动了阅读方式的改变。信息技术的发展改变了人们获取信息的途径,公众数字阅读接触率连年攀升,数字阅读作为一种重要的阅读方式日益普及,特别是手机、平板电脑为代表的移动阅读已经成为公众的首选,这对数字图书馆开展基于全媒体、多终端的服务提出了新的要求。

我国数字图书馆面向数字阅读的新媒体终端设备普遍缺乏。我国公共图书馆普遍存在服务终端设备滞后于数字阅读发展的情况,大多数设备较为陈旧,以中、西部地区市级图书馆为例,用于数字资源阅览的计算机终端设备平均仅 17 台和 11.5 台,中部地区地市级图书馆的触摸屏系统仅 1.4 台,基本没有移动阅读设备,这大大影响了数字图书馆建设成果服务效能的发挥。数字阅读设备陈旧落后的状况,成为制约数字图书馆服务开展的瓶颈。

参考文献

[1] 曾巧红.构筑图书馆网络安全的防护体系[J].图书馆论坛,2004(3):92-94.

[2] 王尊新,丛鲁丽.入侵检测系统在图书馆网络安全中的应用研究[J].网络资源与建设,2004(6):67-69.

[3] 王玉富.图书馆多媒体触摸屏查询系统的开发与研制[J].现代图书馆情报技术,2000(4):5.

4　全国数字图书馆数字资源情况

随着数字化与网络化技术的发展,越来越多的数字信息通过网络与数字化手段生成。根据 IDC/EMC 调查,全球信息量每两年翻一番,2011 年全球生产的数据量达 1.8ZB。网络成为信息的主要传播渠道之一。图书馆收集、整理、保存与传播知识的功能遇到了前所未有的挑战。数字资源将计算机技术、通信技术及多媒体技术相互融合,以传统信息资源难以比拟的优势逐渐成为信息资源的主体。数字资源是伴随着计算机的诞生而出现的,随着计算机技术、通信技术、网络技术、储存技术以及多媒体技术的发展与融合,其建设与管理也在不断的发展,并且日益成为公众获取信息资源的主流渠道之一。随着数字出版物的不断增长和数字图书馆的不断发展,数字资源在图书馆馆藏中的比重也不断上升。

数字资源(Digital Resources)是一种以数字化的形式,即以能够被计算机识别的、不同序列的"0"和"1"构成形式,将文字、图像、声音、动画等形式的信息先存储在光、磁等非纸质载体上,以光信号、电信号的形式传输,并通过计算机或其他外部设备再现出来的信息资源。数字资源具有数量庞大、高度共享、类型多样、检索便利、时效性强、安全性低等特点。同印刷型文献相比,数字资源类型更为丰富。图书馆目前收集的数字资源主要包括电子图书、电子报纸、电子期刊、数据库、光盘、电子文件、电子文档、参考工具、舆图、音乐、摄影、自制数字资源等形式。从传播学的角度来看,目前图书馆的数字资源已经扩展到全媒体资源,不仅涉及传播形态,而且与营运理念有关。

数字资源建设是指利用数字化的技术和方法,将纸质文本、模拟图像声音等非数字化的信息进行数字化处理、加工,并且对已经形成的数字信息资源进行科学的规划、选择、采集、组织，形成可利用的数字信息资源体系的过程。数字资源建设在数字图书馆建设中有着至关重要的核心地位，它是一个系统工程，涉及数字资源的采集、加工、组织、管理、保存和服务等整个生命周期。对于数字图书馆而言，数字图书馆资源建设主要体现在数字资源规划、数字资源创建、数字资源组织、数字资源服务、数字资源保存以及数字资源知识产权管理等几方面。通过调研发现，我国 90% 的省级公共图书馆、53% 的市级公共图书馆都开展了数字资源建设工作，并在全国文化信息资源共享工程、数字图书馆推广工程等重点文化工程的统筹下，结合区域实际和自身情况，制订了数字资源建设规划，开展了数字资源建设工作。综合考虑我国省市级公共图书馆数字资源建设现状，结合调研问卷，在公共图书馆数字资源建设方面，本书的调研重点主要是各地图书馆的数字资源建设工作，同时对我国公共图书馆数字资源的组织情况、共享情况、保存情况和知识产权情况进行简要介绍。

　　数字资源是数字图书馆建设的核心，是数字图书馆建设成果的直接体现。我国许多省市级数字图书馆的建设都是从资源建设开始的，目前在全国范围内已初步形成内容丰富、形式多样、分级分布式资源保障体系。

　　在单馆建设方面，各地数字资源已初具规模，内容丰富、类型多样、开放性好，为满足本地用户的基本文化信息需求起到了很好的保障作用。引进数字资源是许多图书馆数字资源的主要形式，几乎所有省馆（96%）都通过商购方式建设了一批数据库资源，超过 66% 的市级图书馆也进行了商业资源的引进，重点保障区域内公众的基本文献信息需求。建设实力较强的图书馆则纷纷依托本地文化和文献特色开展了特色数字资源的自主建设，建成了一批特色鲜明、类型丰富的数字文化资源库。超过 50% 的自建资源是反映各地地域特色、民俗风情、历史变迁等方面的专题特色数据库，如地方记忆、民俗专题库、红色系列、地方手工艺等。无论是引进数字资源还是自建数字资源，资源的开放程度都比较好。被调研的省市级图书馆中，超过 73% 的引进资源可通过读者认证或者区域范围内授权访问的方式被用户获取到，贵州、浙江、河南等地还开放了一批资源在全省 IP 范围内服务。相比之下，自建资源的开放服务比例更高，超过 95% 的自建资源库可以提供互联网共享或读者认证共享。

在全国层面，借助推广工程的建设，初步建立了全国范围的数字资源整合揭示和共建共享机制。截至目前，全国省市级馆积极参与数字资源元数据登记，共登记数字资源 46 个数据库、146 万条数据类型包括图书、图像、音视频、连续性出版物、目次数据等。与此同时，2013 年国家图书馆联合全国各省级图书馆正式启动了数字资源的联合建设，每省馆 20 万中央转移支付经费已拨付到位用于首批资源联建。在资源共享方面，推广工程精选 120TB 的优质资源面向全国已开通 VPN 的省市级图书馆共享，同时吉林等地也陆续将本地特色资源上传到推广工程平台上提供共享，浙江、陕西等地还探索利用工程的网络通道进行馆际间的数字资源共享。

4.1　数字资源建设情况

数字资源建设阶段是整合数字资源生命周期的起始环节，是数字资源从无到有的一个过程。数字资源的建设主要包括两种形式，一是原生数字资源建设，是指直接在数字信息环境或者数字活动中产生，仅发布于数字信息环境中并仅以数字形式传播交流、保存利用的信息资源；二是加工转化型数字资源建设，是指通过数字化技术手段将纸质等载体的信息资源加工转化成数字信息的资源。

公共图书馆的数字资源建设也主要是依照上述两种基本形式，同时结合公共图书馆的业务结构进行调整，主要包括数字资源自主建设、数字资源采购与网络资源采集 3 个方面。数字资源自主建设是图书馆依靠自身馆藏文献与信息组织技能，通过数字化加工、网络资源采集和专题资源库建设等途径建立和丰富数字馆藏的过程。数字资源自主建设是图书馆加工数字资源的主要途径。自建资源最能体现地域文明、文化特色和图书馆的馆藏优势，是数字资源建设必不可少的组成部分。自建资源建设是目前各图书馆开展数字资源建设的中心任务。

数字资源采购是图书馆数字资源建设的重要组成部分，是满足图书馆读者资源需求，提升服务效能的重要方式。数字资源采购包括以单个图书馆独自购买数字资源为主的单独采购；在经费有限情况下，研究机构或者图书馆联合起来组成联盟，共同采购数字资源的联盟采购；由国家资助或购买为主的国家采购等。

网络资源采集是数字资源建设的一种补充和拓展方式。随着互联网时代的快速发展，网络已经成为获取信息资源极其重要的途径。网络资源采集包括人工采集和自动采集两种方式。

在数字资源建设方面，数字资源自主建设（本书简称自建资源）是目前各图书馆开展数字资源建设的中心任务，是此次考察重点。数字资源采购（本书简称采购资源）作为提升各馆数字资源服务能力的有益补充，也作为此次调研的必要内容。同时，对我国公共图书馆网络资源采集情况进行简要介绍。

截至 2012 年年底，我国市级以上公共图书馆数字资源总量约为5050TB，其中自主建设数字资源 618.8TB；由于商业数字资源储存位置不统一，各馆对采购资源的统计口径不一致，本书不对采购资源的数据容量过多描述，只统计数据库数量。具体情况详见图 4-1。

在自建资源方面，全国市级以上公共图书馆自建特色数据库 482个，数据容量达 618.8TB。其中，省级公共图书馆自建特色数据库 216个，数据容量达 464.8TB；市级公共图书馆自建特色数据库 266 个，数据容量达 154.0TB。同时，目前全国共有 86 家公共图书馆拟建特色数字资源库 115 个。其中，17 家省级公共图书馆拟建特色数字资源库40 个，69 家市级公共图书馆拟建特色数字资源库 115 个。

在采购资源方面，全国市级以上公共图书馆采购数据库 1199 个。

其中,省级公共图书馆拟建特色数据库 476 个,市级公共图书馆拟建特色数据库 723 个。

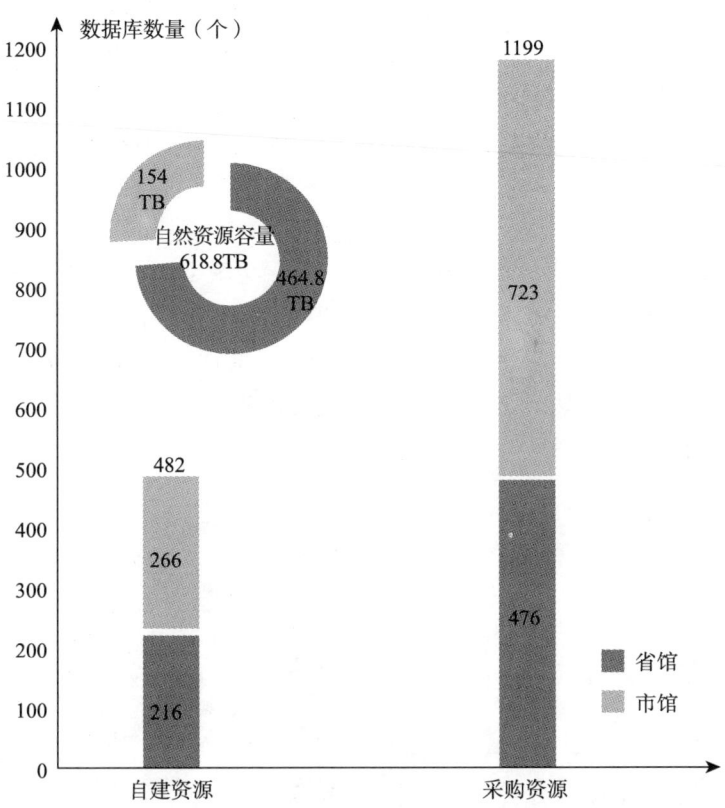

图 4-1　我国省市级公共图书馆数字资源建设情况

4.1.1　自建数字资源情况

自建资源建设工作是我国公共图书馆数字资源建设的中心任务。从 2012 年调研数据上看,75.0% 的省级公共图书馆和 56.5% 的市级公共图书馆都配置了数字资源加工和发布系统。各地图书馆根据馆藏特点、结合地方特色,通过数字化、拍摄、转制加工等方式,建设了一批类型丰富、特色鲜明的优秀数字资源,具有很高的保存与服务价值。目前我国市级以上公共图书馆自建资源建设主要以各公共图书馆基于自身馆藏的单馆建设为主;个别省份结合区域自身特点,在省级公共图书馆的统筹下,联合省内市级公共图书馆开展自建资源建设工作。同时,各级公共图书馆借助全国文化信息资源共享工程、数字图书馆推广工程开展的数字资源建设相关项目,不同程度地参与全国范围内的数字资源联合建设工作。

（1）资源量

从 2012 年调研数据上看,全国各级公共图书馆自建特色数据库482 个,数据容量达 618.8TB。其中,29 家省级公共图书馆自建特色数据库 216 个,平均每馆 7.5 个;数据容量达 464.8TB,平均每馆16.0TB。88 家市级公共图书馆自建特色数据库 266 个,平均每市 3.1个;数据容量达 154.0TB,平均每市 1.8TB,详见图 4-2。

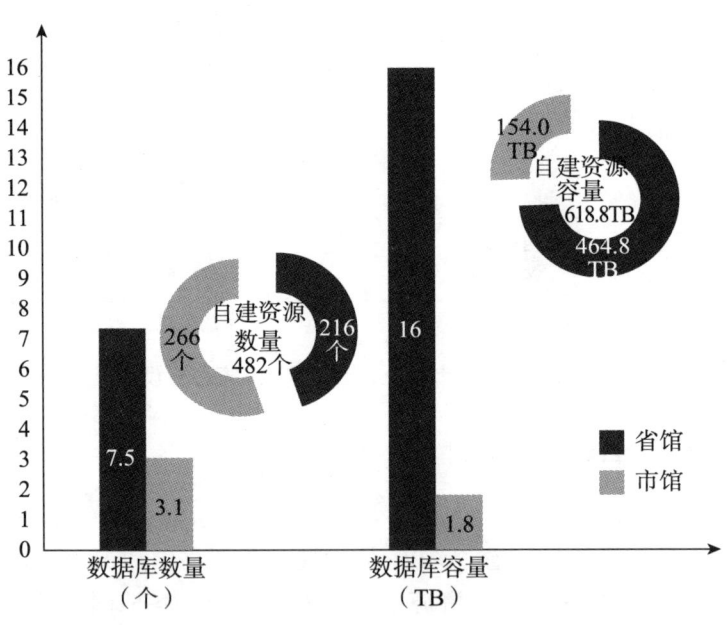

图 4-2 我国省市级公共图书馆自建资源情况对比

　　省级公共图书馆：从 2012 年调研数据上看,除四川省图书馆、海南省图书馆、新疆生产建设兵团文化中心 3 家图书馆外,29 家省级公共图书馆自建特色数据库 216 个,平均每省 7.5 个;数据容量达464.8TB,平均每省 16.0TB。对比数据显示,2010 年,我国 24 家省级公共图书馆自建特色数据库容量达 175.0TB,平均每省 7.3TB。可见,经历了三年的建设,几乎所有的省级图书馆都开展了数字资源自主建设工作,资源建设总量增幅超过 165%,资源平均建设量增幅接近120%,资源建设实力提升明显,详见图 4 - 3。

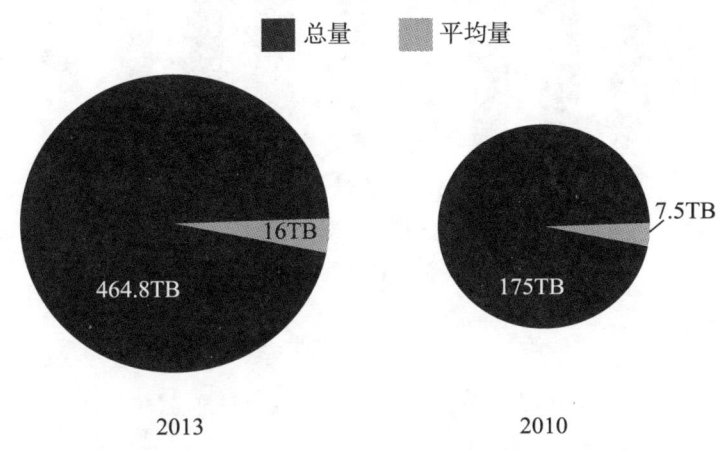

图 4 - 3　我国省级公共图书馆自建资源增长情况

　　从 2012 年调研数据上看,我国 18 个省级公共图书馆的自建数据库容量超过 10TB;7 个省级公共图书馆的自建数据库容量超过 20TB。自建资源库建设量较大省级公共图书馆主要集中在东部省份,其中,广东省立中山图书馆的自建数据库容量最大,达 53.4TB。排名前十名的依次是:广东省立中山图书馆(53.4TB)、南京图书馆(48.0TB)、首都图书馆(41.6TB)、福建省图书馆(33.3TB)、吉林省图书馆(33.0TB)、黑龙江省图书馆(32.3TB)、山东省图书馆(22.0TB)、浙江图书馆(19.5TB)、重庆图书馆(17.6TB)、新疆维吾尔族自治区图书馆

（16.5TB），详见图4-4。在自建数据库数量方面，天津图书馆自建数据库数量最多，达29个。

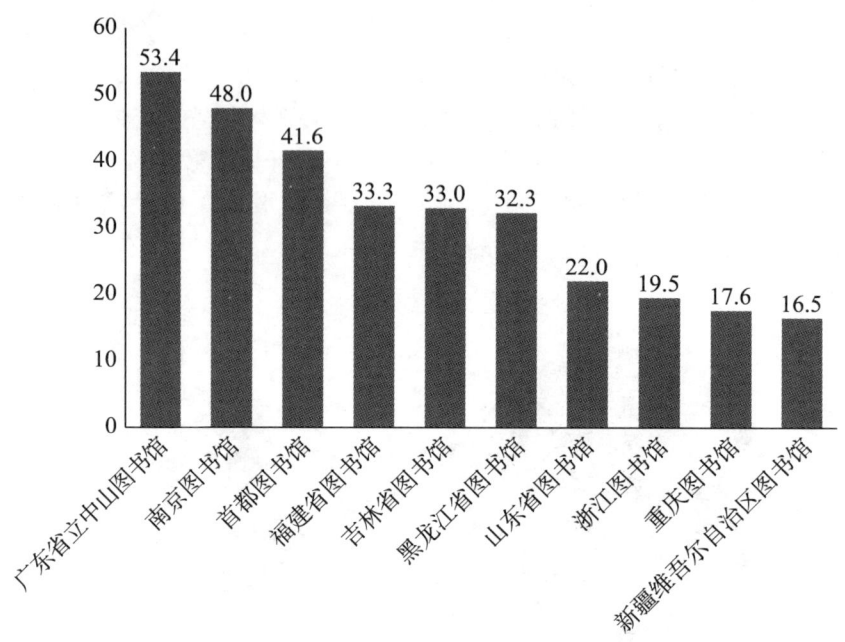

图4-4　我国省级公共图书馆自建资源容量排名（单位：TB）

市级图书馆：从2012年调研数据上看，88家市级公共图书馆自建特色数据库266个，平均每市3.1个；数据容量达154TB，平均每市1.8TB。我国市级公共图书馆自建资源建设能力差距明显，自建资源库建设量较大市级公共图书馆主要集中在省会城市和计划单列市等副省级城市，排名前十名的自建资源数据库容量占我国市级公共图书馆自建资源库建设总量的73%。其中，大连图书馆自建数据库容量最大，达30.5TB。排名前十名的依次是：大连图书馆（30.5TB）、深圳图书馆（23.3TB）、青岛市图书馆（15.2TB）、济南市图书馆（13.6TB）、厦门图书馆（11.2TB）、宁波市图书馆（9.0TB）、西安图书馆（8.2TB）、长春图书馆（6.0TB）、武汉图书馆（5.0TB）、杭州图书馆（3.0TB），详见图4-5。

在自建数据库数量方面,深圳图书馆自建数据库数量最多,达 19 个。

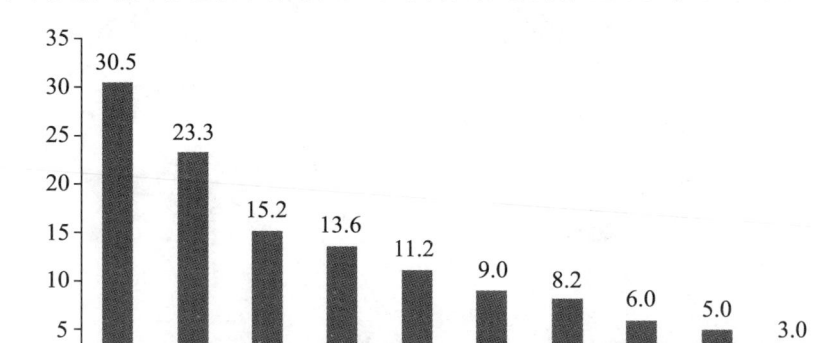

图 4-5 我国市级公共图书馆自建资源容量排名(单位:TB)

(2)资源内容

我国公共图书馆自建数字资源主要包括几个部分:一是馆藏文献资源的数字化加工,主要是书目数据和文献全文的数字化;二是专题特色资源库建设,主要是各地公共图书馆将本馆的特色馆藏进行整理并开展数字化加工;三是视频类数据库建设,视频类数据库将各地公共图书馆特色馆藏与本地区的地域特色、民俗风情有机整合,形成集文字、图片、音视频为一体的多媒体资源库。

通过调研发现,各地公共图书馆自建资源内容依托馆藏,体现地域特色,具有很高的典藏和服务价值。省市级公共图书馆都将反映各地地域特色、民俗风情、历史变迁的专题特色资源库作为自建资源的重点内容,专题数据库建设权重占省馆自建资源的 53%,市馆自建资源的 42%。同时,各级图书馆也都开展了视频类数据库和文献数字化类数据库的建设工作,详见图 4-6。

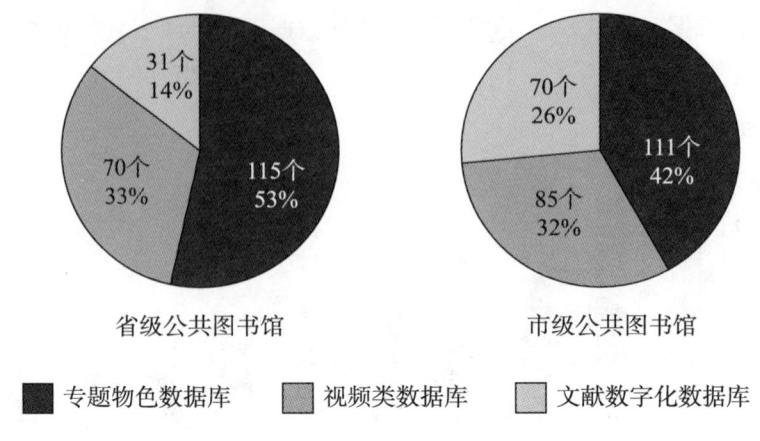

图 4-6　我国省市级公共图书馆自建资源内容对比

从资源建设内容方面来看：

省级公共图书馆：省级公共图书馆 216 个已建数据库中，专题特色数据库的数量最多，达 115 个；视频类数据库次之，达 70 个；文献数字化数据库 31 个。主要资源内容如下：

专题特色数据库主要集中于以下三方面内容：一是反映本地区历史发展全貌的专题数据库，如首都图书馆的"北京记忆"、南京图书馆的"江苏文化全文数据库"等；二是体现地域文化的专题数据库，如福建省图书馆的"闽南文化"、湖北省图书馆的"荆楚民俗"、天津图书馆的"天津民俗"等；三是反映本地区非物质文化遗产的专题数据库，如湖北省图书馆的"湖北非物质文化遗产"、江西省图书馆的"江西非物质文化遗产资源库"、湖南图书馆的"湖南非物质文化遗产资源库"等。

视频类数据库主要集中于以下三方面内容：一是各地公共图书馆通过对阵地服务开展的公益性讲座进行数字化加工处理形成的视频类资源，其中比较有代表性的包括湖北省图书馆制作的 1102 部"湖北省图书馆知识讲座"，总时长达 1200 小时；黑龙江省图书馆制作的 596 部"专家学术视频讲座"，总时长达 1000 小时;首都图书馆制作的500部"首图讲坛"总时长达750小时。二是地方戏视频数据库,其中比较有代表性的包括河南省图书馆的"河南地方戏曲数据库",资源总量达1054GB;浙江图书馆的"浙江越剧资料库"资源总量达550GB,江西省图书馆的"江西地方戏剧资源库",资源总量达348GB;广西壮族自治区图书馆的"广西戏剧专题资源",资源总量达197.9GB;天津图书馆的"天津地方戏剧",资源总量达124GB;山东省图书馆的"山东地方戏揽萃"、安徽省图书馆的"安徽戏曲"等。三是服务基层的民生类数据库,其中比较有代表性的包括山东省图书馆的"农村常见病"、天津图书馆的"农业科技"、河南省图书馆的"新农村致富之路数据库"广西壮族自治区图书馆的"广西社会主义新农村建设专题资源"等。

文献数字化数据库主要是各馆通过将馆藏的古籍、民国文献等资源进行数字化加工而形成的数据库。其中古籍类比较有代表性的包括首都图书馆的"古籍珍本库"、天津图书馆的"天津地方志"、甘肃省图书馆的"西北地方文献古籍善本全文数据库"等;民国文献类比较有代表性的包括辽宁省图书馆的"民国图书馆"、天津图书馆的"馆藏缩微文献影像数据库"、甘肃省图书馆的"西北民族宗教史料文摘数据库"、广西桂林图书馆的"广西旧方志资源数据库"、浙江图书馆"民国报纸""民国期刊"等。

市级图书馆:市级公共图书馆266个已建数据库中,专题特色数据库的数量最多,达111个;视频类数据库次之,达85个;文献数字化数据库70个。主要资源内容如下:

市级公共图书馆的数字资源立足本地,以馆藏特色地方文献为依托,结合本馆开展的读者讲座,开展数字资源建设工作。专题特色数据库比较有代表性的包括金陵图书馆的"南京云锦专辑"、武汉图书馆的"武汉地区抗日战争史研究文献资料"、长春图书馆的"长春人物"等;视频类数据库比较有代表性的包括深圳图书馆的"影视资料的在线观看"、沈阳市图书馆的"舞台艺术"、成都图书馆的"专家学术讲座"等;文献数字化数据库比较有代表性的包括厦门图书馆的"民国时期厦门地方文献"、宁波市图书馆的"宁波地方老报纸"、烟台图书馆的"地方文献"、资阳市图书馆的"馆藏古籍地方志及部分善本全文"等。

(3)区域对比

从本次调研数据上看,117家市级以上公共图书馆开展了自建资源建设工作,占样本总量的60%。共建设自建特色数据库482个,数据容量达618.8TB。其中,东部地区自建数据库容量达358.5TB,中部地区自建数据库容量达146.5TB,西部地区自建数据库容量达113.8TB。

东部地区:63家公共图书馆中,47家公共图书馆自建了特色数据库,占东部地区样本量74.6%,自建数据库271个,平均每馆建设5.8个,自建数据库容量达358.5TB,平均每馆建设约7.6TB。其中,广东省立中山图书馆的自建数据库容量最大,达53.4TB。自建资源库总容量排在前十名的依次是:广东省立中山图书馆(53.4TB)、南京图书馆(48.0TB)、首都图书馆(41.6TB)、福建省图书馆(33.3TB)、大连图书馆(30.5TB)、深圳图书馆(23.3TB)、山东省图书馆(22.0TB)、浙江图书馆(19.5TB)、天津图书馆(16.2TB)、青岛市图书馆(15.2TB),详见图4-7。在自建数据库数量方面,天津图书馆自建数据库数量最多,达29个。

中部地区:62家公共图书馆中,34家公共图书馆自建了特色数据库,占中部地区样本量的54.8%,自建数据库101个,平均每馆建设3个,自建数据库容量达146.5TB,平均每馆建设约4.3TB。其中,吉林省图书馆的自建数据库容量最大,达33.0TB。自建资源库总容量排在前十名的依次是:吉林省图书馆(33.0TB)、黑龙江省图书馆(32.3TB)、安徽省图书馆(16.1TB)、河北省图书馆(15.1TB)、湖北省图书馆(10.8TB)、湖南省图书馆(10.0TB)、长春图书馆(6.0TB)、武汉图书馆(5.0TB)、山西省图书馆(5.0TB)、河南省图书馆(3.0TB),

详见图4－8。在自建数据库数量方面,长春图书馆自建数据库数量最多,达18个。

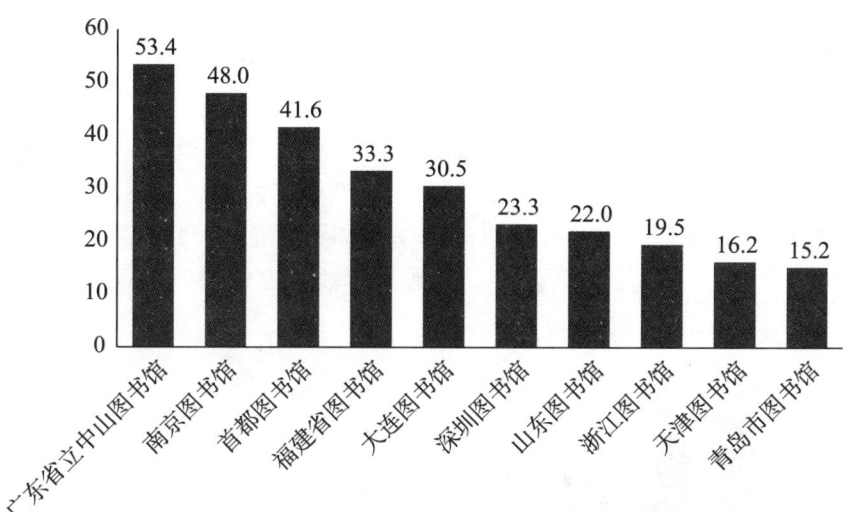

图4－7　我国东部地区公共图书馆自建资源容量排名(单位:TB)

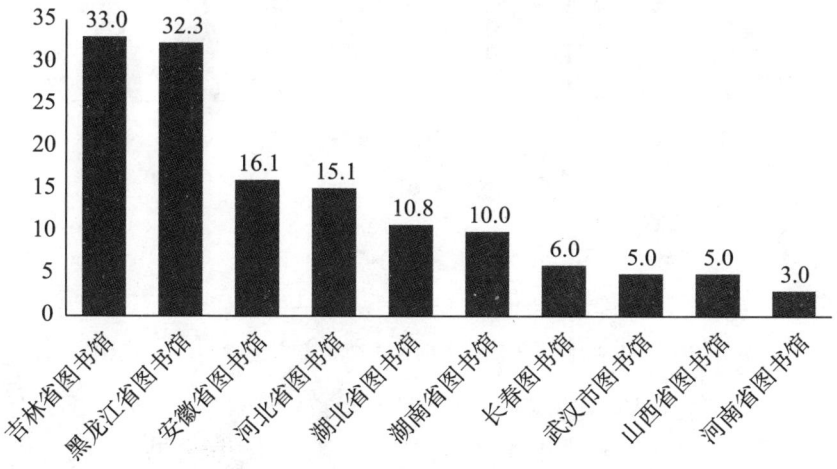

图4－8　我国中部地区公共图书馆自建资源容量排名(单位:TB)

西部地区:73 家公共图书馆中,36 家公共图书馆自建了特色数据库,占西部地区样本量的 49.3%,自建数据库 111 个,平均每馆建设3.1 个,自建数据库容量达 113.5TB,平均每馆建设约 3.15TB。其中,重庆市图书馆的自建数据库容量最大,达 17.62TB。自建资源库总容量排在前十名的依次是:重庆图书馆(17.6TB)、新疆维吾尔自治区图书馆(16.5TB)、甘肃省图书馆(15.1TB)、贵州省图书馆(15.1TB)、陕西省图书馆(13.4TB)、西安图书馆(8.2TB)、广西壮族自治区图书馆(7.9TB)、云南省图书馆(5.0TB)、内蒙古图书馆(3.5TB)、宁夏图书馆(3.3TB),详见图 4-9。在自建数据库数量方面,甘肃省图书馆自建数据库数量最多,达 18 个。

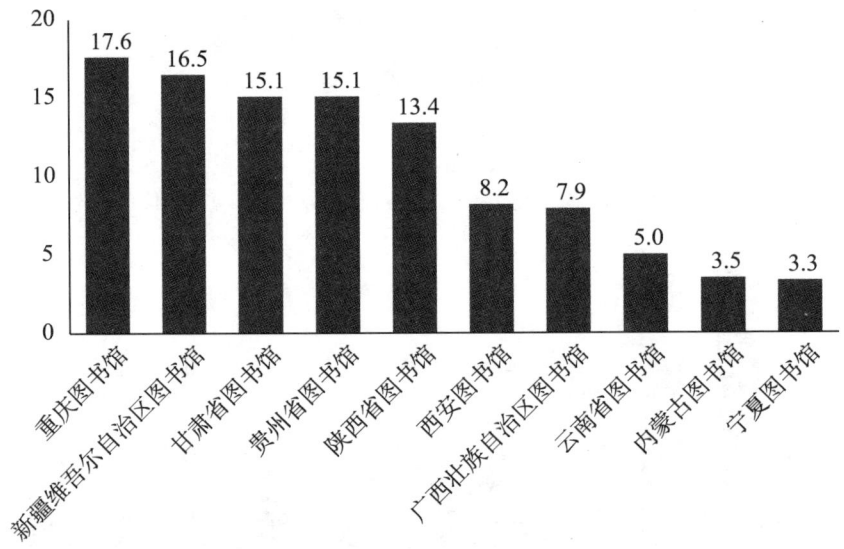

图 4-9 我国西部地区公共图书馆自建资源容量排名(单位:TB)

数据可见,从自建资源开展情况上看,74.6% 的东部公共图书馆都开展了自建资源建设工作,半数左右的中西部地区公共图书馆开展了资源特色数据库建设。从自建资源建设能力上看,东部地区资源建设量占我国市级以上公共图书馆总量的 58%,中、西部地区依次递减,分别占 24% 和 17%,东部地区优势明显。从单馆建设能力上看,东部地区也优势明显,平均单馆建设量达 7.6TB;中部地区平均单馆建设量达 4.3TB;西部地区建设效能偏低,仅为 3.15TB,资源建设能力亟待提升,详见图 4–10。

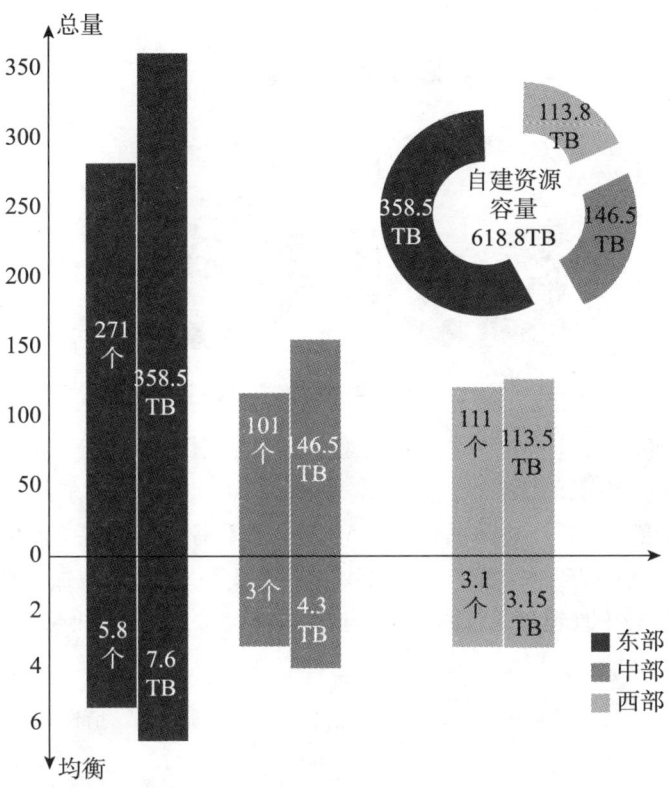

图 4–10　我国东中西部地区公共图书馆自建资源情况对比

(4)资源建设规划

结合作者前期相关研究与工作实践,在 2012 年的《全国公共数字图书馆建设情况调查表》中,用拟建资源指标来考察我国市级以上公共图书馆的资源建设规划情况。

调研结果显示,全国共有86家公共图书馆拟建特色数字资源库,占样本量的43%。其中:全国32家省级公共图书馆中,17家省级公共图书馆拟建特色数据库,占省级公共图书馆总数的53%;全国166家市级公共图书馆中,69家公共图书馆拟建特色数据库,占市级公共图书馆总数的42%,详见图4-11。

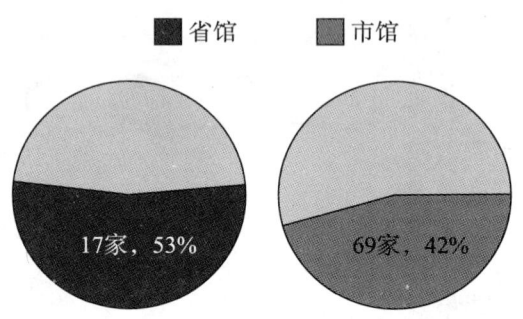

图4-11 我国省市级公共图书馆拟建数字资源对比情况

按照不同地区分别进行统计数据显示,东部63家公共图书馆中,32家公共图书馆拟建特色数据库,占样本总量的43%,东部样本量的51%;中部62家公共图书馆中,25家公共图书馆拟建特色数据库,占样本总量的27%,中部样本量的41%;西部73家公共图书馆中,29家公共图书馆拟建特色数据库,占样本总量的30%,西部样本量的40%,详见图4-12。

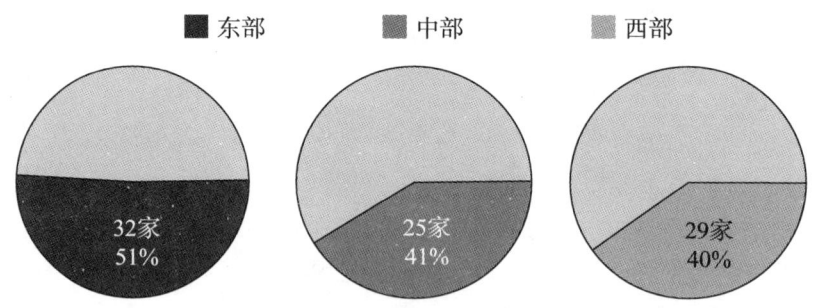

图4-12 我国东中西部地区公共图书馆拟建数字资源一览表

在内容规划方面,各地主要是对现有自建资源的延续和补充,其中比较有代表性的数据库包括:福建省图书馆的"客家文化"、天津图书馆的"天津市非物质文化遗产专题资源库"、江西省图书馆的"江西红色文化视频资源"、吉林省图书馆的"朝鲜族文化"、甘肃省图书馆的"馆藏书画专题资源库"、贵州省图书馆的"民国图书"、陕西省图书馆的"陕甘宁边区红色记忆多媒体资源库——人物库"、广西桂林图书馆的"广西红色历史文化多媒体资源库"、浙江图书馆的"中国寺庙祠观造像数据库"等。

数据可见,总体来看,仅有43%的公共图书馆计划开展自建资源建设工作,我国公共图书馆自建资源建设后劲不足。超过半数的东部地区公共图书馆计划开展自建资源建设工作,而这一比例在中西部地区仅为40%,中西部地区自建资源发展情况形势严峻。

4.1.2 采购数字资源情况

采购资源建设工作是我国公共图书馆数字资源建设的重要组成部分,是满足图书馆读者资源需求,提升服务效能的重要方式。各地图书馆结合本地区的政治、经济、文化发展情况,在充分考虑读者需求的基础上,按年度开展商业数字资源的采购工作。目前我国市级以上公共图书馆采购资源建设主要以各馆单独采购为主。许多省份也会在省馆的统筹管理下,开展省内公共图书馆的联合采购工作,实现商业数据库的全省授权使用。同时,借助数字图书馆推广工程,国家数字图书馆采用全国买断的方式,实现了部分商业数据库的全国统一授权使用。

(1)资源量

从2012年调研数据上看:目前全国公共图书馆采购数据库1199个。在全国32家省级公共图书馆中,除新疆生产建设兵团文化中心外,31家省级公共图书馆外购数据库476个,平均每馆15.4个,其中,浙江省图书馆外购数据库数量最多,达83个;全国166家市级公共图书馆中,共有110家图书馆采购了商业数字资源,占市级公共图书馆总数的66.3%,外购数据库723个,平均每馆6.6个,其中,天津泰达图书馆档案馆外购数据库数量最多,达40个,详见图4-13。

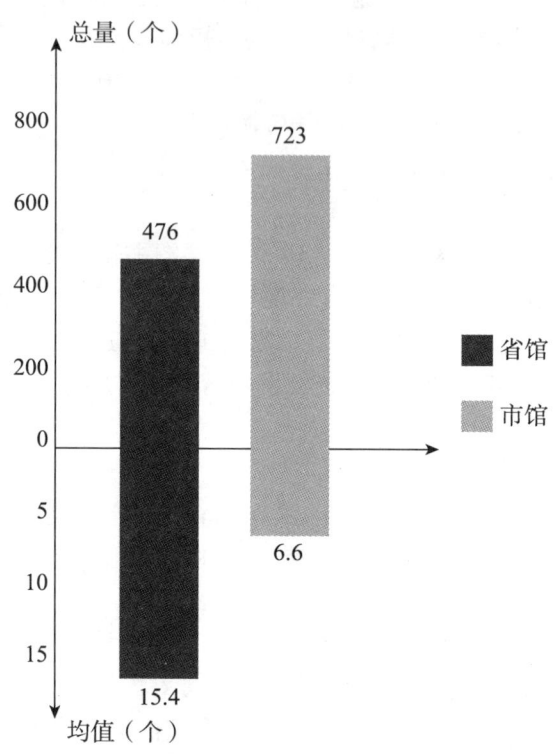

图4-13 我国省市级公共图书馆引进数字资源情况

数据可见,在采购数字资源建设方面,除新疆生产建设兵团文化中心外,所有省级公共图书馆都采购了商业数据库资源,66%的市级公共图书馆也积极开展了商业数据库采购工作。相比自建资源建设,我国市级以上公共图书馆在采购数字资源建设方面成效明显,短时间内迅速提升了我国公共图书馆的数字资源服务能力和服务水平。

（2）资源内容及需求

我国公共图书馆采购资源主要以电子图书、电子期刊、学位/会议论文、音视频资源等普适性商业数据库为主。同时部分有条件地区的图书馆也采购了部分专利/标准、数值事实、索引/文摘、工具类等专业数据库。我国公共图书馆采购数字资源采用动态管理模式，每年度各馆都会根据数据库使用情况统计和读者需求变化进行商业数据库的续订更新工作。数据可见，我国公共图书馆现有商业数据主要以中文数据库资源为主，购买商业数据库资源品牌集中度较高，主要集中在：中国知网（CNKI）系列数据库、方正系列电子资源、维普科技期刊、龙源期刊等。外文数据库购买较少，基本上所有的市级公共图书馆都未采购外文商业数据库资源。从具体资源类型来看，电子图书方面，购买主要集中在方正电子图书数据库和超星电子图书数据库等；电子期刊方面，购买主要集中在龙源期刊数据库和博看期刊数据等；学位/会议论文方面，购买主要集中在中国知网数据库、万方数据库、维普中文科技期刊数据库等；音视频资源购买主要集中在库客数字音乐图书馆、新东方多媒体学习库等。

此外，2012 年的《全国公共数字图书馆建设情况调查表》对各地公共图书馆对商业数据库的需求情况进行了专门调研，具体如下：

① 中文数据库需求

就全国来讲，中文数据库需求量较大的前五名依次是全文期刊、电子图书、电子报纸、音视频和学位/会议论文这五类数据库，分别为53.0%、52.5%、44.4%、38.9% 和 34.3%；省级公共图书馆需求量较大的前三名依次是电子图书、全文期刊、音视频、电子报纸、学位/会议论文和专利/标准这六类数据库（二、三类数据并列第二，后三类数据库并列第三），分别为 50.0%、40.6%、31.3%；市级公共图书馆需求量较大的前五名依次是全文期刊、电子图书、电子报纸、音视频和学位/会议论文这五类数据库，分别为 55.4%、53.0%、47.0%、38.6% 和35.0%，详见图 4－14。

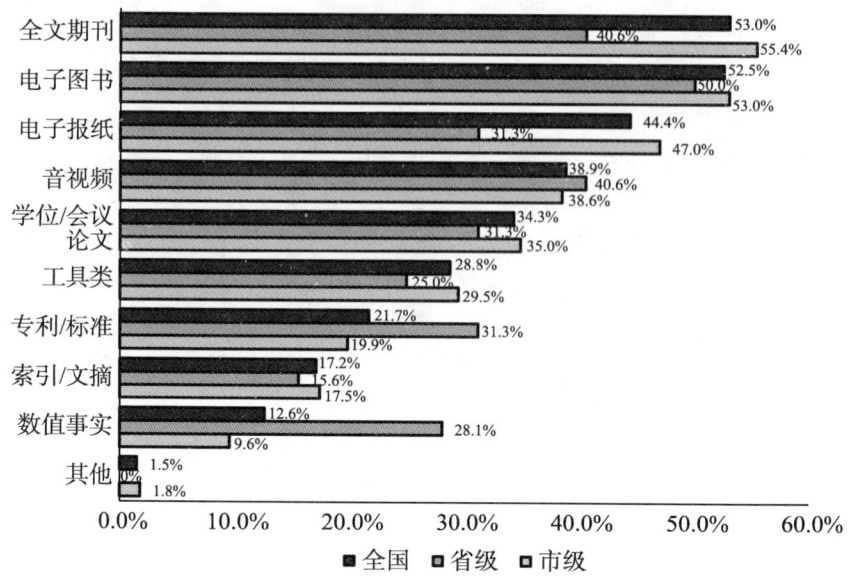

图4-14 我国省市级公共图书馆中文数据库需求情况

在中文数据库需求方面,总体来看我国省市级公共图书馆需求差异不大,但对全文期刊和电子图书类数据库需求明显。从省市对比情况来看,省馆对专利/标准、数值事实等数据库需求更为迫切。市馆对全文期刊和电子报纸类数据库需求更为明显,应加强上述种类数据库的采购工作。

②外文数据库需求

就全国来讲,外文数据库需求量较大的前三名依次是全文期刊、电子图书、学位/会议论文和电子报纸等四类数据库(二、三类数据并列第二),分别为38.4%、27.3%和20.7%;省级公共图书馆需求量较大的前三名依次是全文期刊、学位/会议论文和电子图书这三类数据库,分别为56.3%、53.1%和37.5%;市级公共图书馆需求量较大的前三名依次是全文期刊、电子图书和学位/会议论文这三类数据库,分别为35.0%、25.3%和22.3%,详见图4-15。

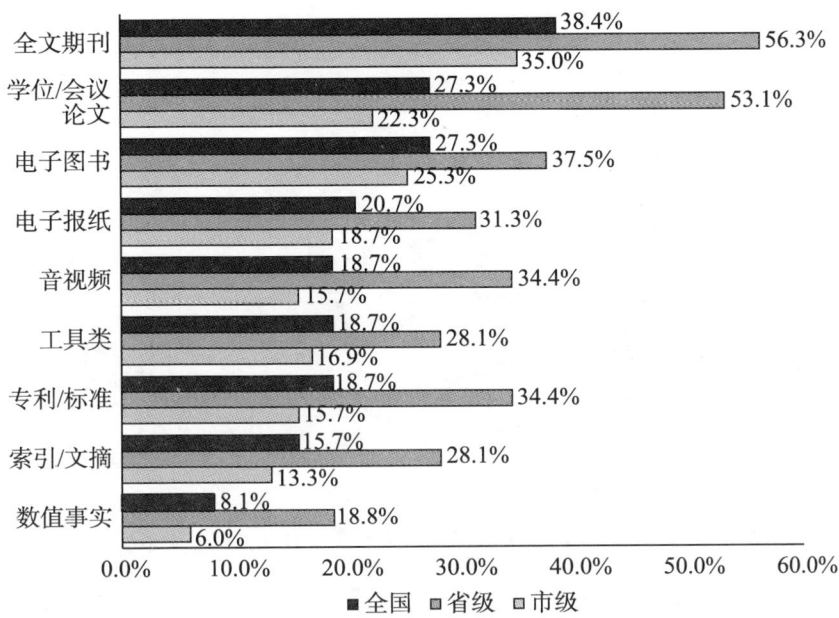

图4-15 我国省市级公共图书馆外文数据库需求情况

在外文数据库需求方面,数据库需求主要集中在省馆。省馆对全文期刊、学位/会议论文、电子图书和电子报纸等四类外文数据库需求迫切。市馆对全文期刊和电子图书类外文数据库有一定需求。

(2)区域对比

东部63家公共图书馆中,55家公共图书馆采购了商业数字资源,占东部公共图书馆总数的87%,外购数据库736个,平均单馆引进13.4个,其中浙江省图书馆外购数据库数量最多,达83个;中部62家公共图书馆中,有42家图书馆采购了商业数字资源,占中部公共图书馆总数的68%,外购数据库237个,平均单馆引进5.6个,其中长春图书馆外购数据库数量最多,达20个;西部73家公共图书馆中,44家图书馆采购了商业数字资源,占西部公共图书馆总数的60%,外购数据库226个,平均单馆引进5.1个,其中内蒙古图书馆外购数据库数量最多,达27个,详见图4-16。

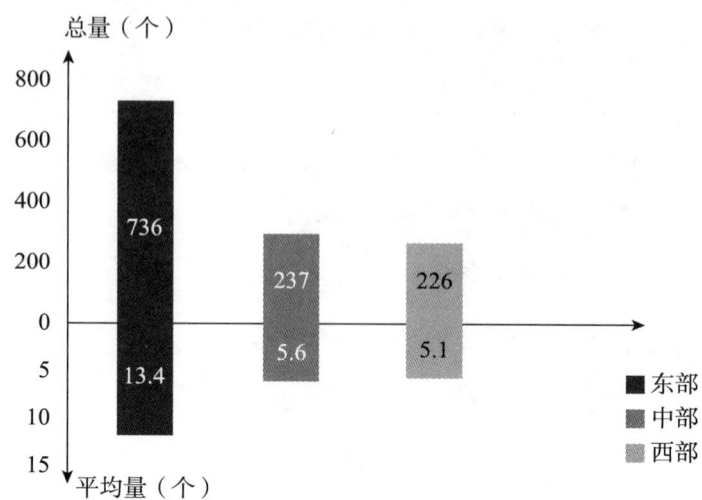

图4-16　我国东中西部地区采购数字资源情况一览表

在采购数字资源建设方面,87%的东部公共图书馆都开展了采购资源建设工作,分别比中、西部地区高19个百分点和27个百分点。中、西部地区由于购书经费限制,导致数字资源采购相对匮乏,在一定程度上影响了公共图书馆的服务效能。

①中文数据库需求差异

东部地区需求量较大的前三名依次是全文期刊、电子图书、音视频和电子报纸这四类数据库(后两类数据库并列第三),分别为55.6%、50.8%和44.4%;中部地区需求量较大的前三名依次是全文期刊、电子图书和电子报纸这三类数据库,分别为46.8%、42.0%和37.1%;西部地区需求量较大的前三名依次是电子图书、全文期刊和电子报纸这三类数据库,分别为63.0%、56.2%、和50.7%,详见图4-17。

从区域需求差异上看,在中文数据库需求方面,西部地区公共图书馆数据库需求明显高于中、东部地区。究其原因,主要是西部地区公共图书馆数字资源采购经费偏低,导致采购资源类型和资源内容相对匮乏,不能满足读者服务需求。在资源内容方面,各地区对电子图书、全文期刊和电子报纸这三类数据库的需求较为明显。中东部地区最急需补充全文期刊类数据库,西部地区最急需补充电子图书类数据库。同时,各地区对音视频类数据库也有一定需求。

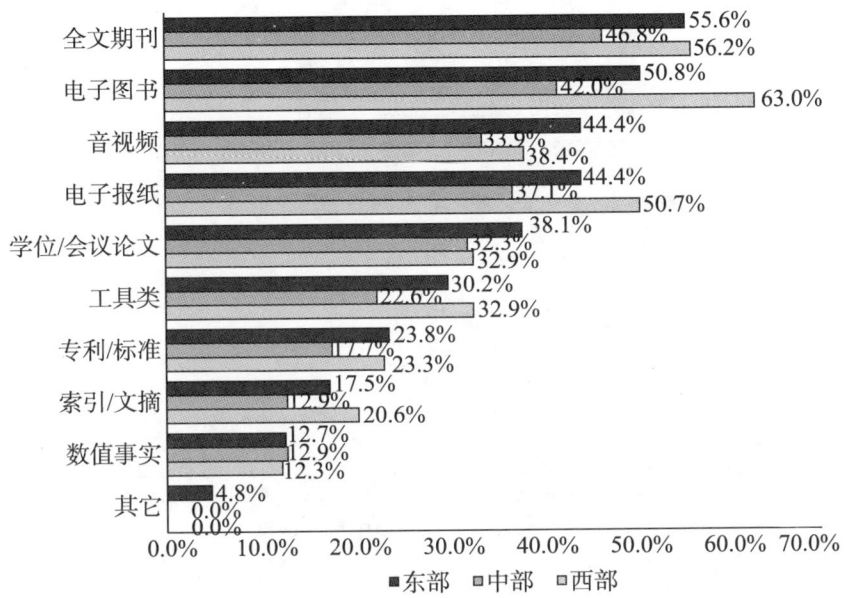

图 4-17 我国东中西部公共图书馆中文数据库需求情况

②外文数据库需求差异

东部地区需求量较大的前三名依次是全文期刊、学位/会议论文和电子图书三类数据库,分别为 52.4%、35.0% 和 33.3%;中部地区需求量较大的前三名依次是全文期刊、电子图书和电子报纸这三类数据库,分别为 29.0%、21.0% 和 19.3%;西部地区需求量较大的前三名依次是全文期刊、学位/会议论文和电子图书这三类数据库,分别为 34.3%、28.8% 和 27.4%,详见图 4-18。

从区域需求差异上看,在外文数据库需求方面,东部地区公共图书馆数据库需求明显高于中、西部地区,应加强对外文数据库的采购工作。另外,西部地区公共图书馆对外文数据库的需求高于中部地区。资源内容方面,各地区对全文期刊类数据库需求尤为迫切。中、西部地区对学位/会议论文和电子图书类数据库也有一定需求。

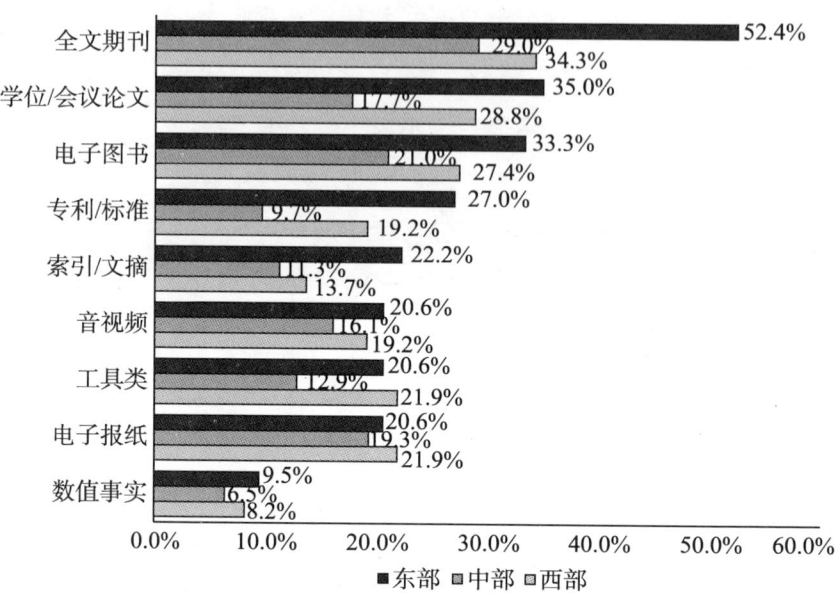

图 4 - 18　我国东中西部公共图书馆外文数据库需求情况

4.1.3　网络资源采集情况

面对互联网给图书馆带来的冲击与改变,为了使用信息社会中信息获取方式的改变,发挥公共图书馆的社会作用,我国公共图书馆在 21 世纪初逐步开展了互联网资源采集、保存与保护工作。公共图书馆开展网络资源采集工作,将互联网中分散、无序的数据信息通过采集、整理、编目后,以集中的方式进行服务,从一定程度上满足了读者访问有序网络资源的要求,发挥公共图书馆保存保护和延续文明的巨大作用。从 2012 年调研数据上看,只有 18.8% 的省级公共图书馆和 5.4% 的市级公共图书馆配置了网络资源采集系统。我国公共图书馆网络资源采集工作尚未普及。

在已开展网络资源采集的地区,各馆基本上采取广泛采集与选择性采集相结合的方式,收集各地政治、经济、文化、科技、体育等方面的重要网络信息资源,同时逐步探索对网络资源存档进行深度开发。具体来看主要包括两部分:一是政府信息资源,主要采集对象是各地地方政府网站中的政府公开信息频道内容,并进行存档;二是反映各地社会、政治,经济情况的网络资源,主要采集对象是以电子方式出版的报纸和门户网站中的网络新闻。

目前,我国公共图书馆网络资源采集工作主要集中在政府信息资源采集方面,其中比较有代表性的是中国政府公开信息整合服务平台。该服务平台联合全国各级公共图书馆,由国家图书馆整合中央级的政府信息,省、市、县图书馆整合本行政区的政府信息,通过合作共建实现公共图书馆在政府公开信息的整合开发方面的统筹协调发展,以实现对各级政府信息的收集、整理、保存、开发,最终为用户提供对政府公开信息的一站式检索与信息获取。截至 2013 年年底,已经有40 家副省级以上公共图书馆加入平台,开展本地区的政府公开信息资源采集工作。平台月均总访问人数达到了 77 万余人,平均每月首次访问人数及回访人数都达到了 20 万人以上,详见图 4 – 19。

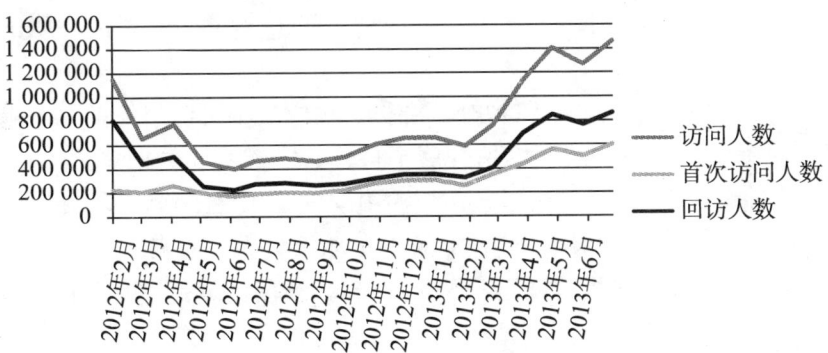

图 4 – 19 中国政府公开信息整合服务平台访问人数

4.2　数字资源组织情况

数字资源组织是运用一定技术和方法对数字资源进行加工与整理,采用现代标准、技术和方法对数字资源的外在特征和内容特征进行识别、分析、析取,并使其成为有序化集合,进而构建成动态、有序和系统的数字资源服务体系的活动过程。数字资源组织的核心任务就是将现实和虚拟馆藏文献资源纳入网络的有序化控制之中。数字资源组织可以对数字资源进行全方位揭示,高效准确地发现数字资源,并可以为其检索结果带来重组与增值,达到有效整合数字资源的目的。实践中的数字资源组织方法和应用包括分类和主题导航、词表聚类与检索、可视化检索、智能化处理结果等。近年来,随着我国公共图书馆数字资源建设工作的大规模开展,海量的数字化资源为图书馆的馆藏加工和服务都带来了新的挑战,数字资源组织的作用日益凸显。数字资源组织可以对数字资源进行全方位揭示,高效准确地发现数字资源,并可以为其检索结果带来重组与增值,进而达到有效整合数字资源的目的。同时满足读者一站式信息查找、定位和获取的需求。

为了满足数字资源建设与服务需求,顺应数字资源组织的发展趋势,我国绝大多数公共图书馆开展了自建数字资源元数据登记工作。自建资源元数据登记工作是数字资源组织的基础性工作,是我国公共图书馆统计、建设、利用自建数字资源的重要环节。在各级公共图书馆自建数字资源元数据登记工作的基础上,应在全国层面上对各级数字图书馆元数据进行统一管理,从全局把握我国公共图书馆自建数字资源的现状,汇总形成元数据仓储,为数字资源的统一检索、整合、评估和开发等深度建设提供元数据基础。同时,统一揭示、分布服务也为地方公共图书馆自建资源增加了新的展示途径。

截至 2013 年年底,共有 14 家省级公共图书馆向国家数字图书馆提交自建资源元数据信息,占省级馆样本总量的 44% ;16 家市级公共图书馆向国家数字图书馆提交自建资源元数据信息,占市级馆样本总量 10% ,详见图 4 - 20。从登记内容上看,自建资源登记类型包括数据库、图书、图像、音视频、连续性出版物、目次数据等。在自建数字资源元数据提交方面,我国各级公共图书馆提交条目超过 150 万条。省馆方面,辽宁省图书馆、首都图书馆提交情况较好;市馆方面,大连图书馆提交情况较好。在自建数据库元数据提交方面,我国各级公共图书馆提交数量 123 个。省馆方面,广西壮族自治区图书馆、黑龙江省图书馆、广西壮族自治区桂林图书馆提交情况较好;市馆方面,黔南州图书馆、广州图书馆提交情况较好。

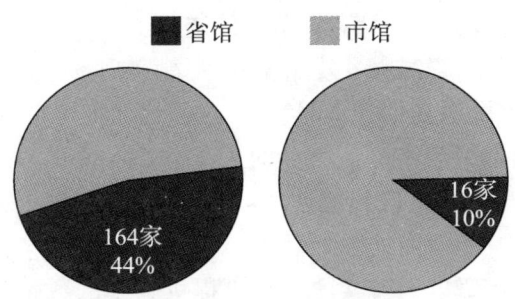

图 4 - 20　我国省市级公共图书馆
自建数字资源元数据提交情况

数据可见,只有 44% 的省级公共图书馆和 10% 的市级公共图书馆开展了自建数字资源元数据提交工作,我国公共图书馆数字资源元数据登记提交水平极低。为了实现我国各级公共图书馆数字资源的有效关联与整合,应在国家层面上强化数字资源元数据登记提交工作,最终实现我国各级公共图书馆数字资源的集中揭示和统一管理。

4.3 数字资源共享情况

数字资源共享是数字图书馆服务中最重要的内容之一。相比于馆藏印本资源的共享,数字资源共享不受时间空间的约束,可以随时随地提供。在资源发现服务方面,数字资源也不再像印本资源那样局限于书目检索和开架浏览,可以提供多样化的资源发现方式,大大方便了读者,提高了效率。

随着信息技术的发展,读者的阅读习惯发生了巨大的变化。由于纸本资源文献信息与文献载体不可分割,传统的图书馆资源服务主要是阵地服务,并通过馆际互借、原文传递等方式加以拓展,因为受时间、空间因素限制,资源服务效能偏低,不能实现资源共享。在数字环境下,利用数字资源高度共享的特点,这种状况将彻底被颠覆,资源共享已经成为图书馆数字资源服务的主流方式。关于数字资源具体服务方式,本书第五章将详细阐述,本章节主要从我国公共图书馆可提供共享的数字资源角度进行介绍。

目前我国市级以上公共图书馆可提供共享的数字资源主要包括本馆自有资源、省域共享资源和全国共享资源三部分。本馆自有资源主要是上文提到的各馆通过自建、采购等方式建设的数字资源;省域共享资源是在资源区域授权的基础上,省级公共图书馆借助统一用户认证系统,打造省内统一的数字资源服务平台,实现省内各级公共图书馆的数字资源无差异共享,其中比较有代表性的包括浙江网络图书馆[①]、贵州数字图书馆[②]等;全国共享资源主要是借助国家的重大数字文化工程,发挥我国各级图书馆在数字资源建设方面的整体优势与规

---

① http://www.zjelib.cn/.

② http://www.gzlib.org/.

模效益,通过各级图书馆多向传输和交互共享形成的数字资源,主要包括全国文化信息资源共享工程和数字图书馆推广工程所建设的数字资源,具体资源内容如下:

全国文化信息资源共享工程数字资源①:截至 2013 年年底,全国文化信息资源共享工程建设数字资源已经达到 200TB。其中,44TB 的数字资源实现全国共享。共享资源内容主要包括生产生活类、群众教育类、红色历史类、少数民族类等音视频资源,详见表 4 - 1。

表 4 - 1   全国文化信息资源共享工程全国共享数字资源

类型	资源说明
日常服务类资源	主要是为基层群众服务的音视频资源,包括 8499 部/集、7164 小时、图文资源 11 965 条。
特殊群体服务类资源	主要是为盲人、少年儿童、老年人等特殊群体提供的音视频资源。
国家数字文化网资源	包括 2000 多部/集,约 1500 小时的视频资源。

数字图书馆推广工程数字资源②:截至 2012 年年底,数字图书馆推广工程在全国范围内的共享资源已经超过 120TB。共享资源内容主要包括 100 余万册中外文图书、700 余种中外文期刊、7 万余个教学课件、1 万余种图片、18 万余档案全文及 3000 余种讲座和地方戏等视频资源,详见表 4 - 2。

表 4 - 2   数字图书馆推广工程全国共享数字资源

类型	资源说明
中文图书	2000 年后出版,学科以文学、工业技术、经济、历史地理、哲学宗教为主,能够提高公众的人文素养和科学素养的大众读物。每种 10 个副本,共计 100 万册。

---

① http://www.ndcnc.gov.cn/.

② http://www.ndlib.cn/.

续表

类型	资源说明
中文期刊	2009—2012 年出版,包括文摘故事、时政新闻、管理财经、家庭生活、文化艺术、科技科普、社科史地等 200 种电子期刊。
图片	反映中华特色的老照片资源。
视频	包括讲座、戏曲、动漫、各种专题片等共计 3000 余小时。
数据库	包含 5 个中文数据库、10 个外文数据库。涵盖图书、期刊、报纸、档案、数值事实、教育课件等资源。

4.4 我国公共图书馆数字资源长期保存情况

数字资源的保存是指对数字资源的搜集、安全储存、元数据管理、保护与永久获取等。为了保证数字资源的真实性与可靠性,保证用户对资源的长期获取,必须对数字资源进行有效的保存。综合运用数据迁移、仿真、再造、封装等多种数据保存技术,定期对数字资源载体进行检测和维护,制定数字资源长期保存标准体系和长期存档系统等都是保证数字资源保存质量的有效手段。对于公共图书馆而言,必须保证其馆藏信息资源能够长期、稳定、方便地被广大读者利用,保证在资源建设的同时获得必要的法律授权和技术支持。

在 2012 年调研中,全国的平均存储能力达到 32.71TB,其中省级公共图书馆达 76.22TB,地市级公共图书馆达 25.71TB;省级公共图书馆的存储利用率达 68.2%,地市级公共图书馆存储利用率达 65.1%。相比 2010 年调研数据,各馆储存能力和储存利用率都有提升。但与世界主要国家相比,我国公共图书馆在数字资源长期保存方面起步较晚。在国家层面上,并没有建立完全意义上的数字资源法定呈缴制度,缺乏相应的政策体系和管理机制;在业界层面,我国公共图书馆界并没有在全国范围内有组织、有计划地建立数字资源长期保存体系；数字资源保存相关的资金、设备、技术标准和人员相对匮乏。考虑到我国公共图书馆数字资源建设的实际和未来发展，必须把数字资源长期保存作为一项重要工作进行规划研究，有条件的图书馆应该逐渐开展相关工作，这是公共图书馆一项不可推卸的历史责任。

4.5 我国公共图书馆数字资源知识产权情况

数字资源是一种新生事物，采用不同于传统图书馆的运行模式，其涉及的知识产权问题也更为复杂。知识产权制度是调整作品的创作、生产与使用过程中各种社会关系的法律制度。

知识产权涉及数字资源建设与使用的全过程。由于我国知识产权方面立法尚未完善，相对日益发展的数字化环境，我国的知识产权规则滞后。我国公共图书馆在数字资源建设过程中主要涉及如下几方面的知识产权风险：馆藏资源数字化版权风险、数字资源产权的不确定性导致的版权风险、数字信息发布知识产权风险、数字化文献传递知识产权风险、数字媒体服务知识产权风险、数字业务外包知识产权等。

我国公共图书馆在开展数字资源建设与使用过程中，应该树立知识产权保护意识，科学认识到各种版权风险。建立知识产权责任、制度与政策，设立专门的知识产权管理岗位，规范数字资源建设与服务合同，采取有效的技术措施规避潜在版权风险，加强对馆员和读者的知识产权教育，提高全民的知识产权保护意识。同时充分利用合理使用原则发展公共利益，为公共图书馆争取更多的法律权益。

4.6 公共图书馆数字资源建设主要特点

4.6.1 数字资源总量庞大

截至 2012 年年底,我国共有县级以上公共图书馆 3076 个,文献总藏量达 7.89 亿册/件,数字资源总量达 5050TB。海量馆藏资源为各级公共图书馆开展数字资源建设工作提供必要的支撑。根据规划,到 2015 年,我国各级公共图书馆的数字资源量将达到 10 000TB,每个省级数字图书馆资源总量达到 100TB,每个市级数字图书馆资源总量达到 30TB,每个县级数字图书馆资源总量达到 4TB。10 000TB 的数字资源保有量相当于 26 亿册图书或者 926 万小时视频,超过世界主要发达国家的国家图书馆馆藏文献量总和。如此庞大的数字资源建设规模对我国公共图书馆而言,机遇与挑战并存,如何实现数字资源的规模化建设和有序化利用成为公共图书馆界的热议话题。

4.6.2 数字资源特色鲜明

中华文化历史悠久、内涵丰富,加之我国幅员辽阔、民族众多,各地图书馆立足历史文化传统、结合区域特色和经济社会发展需求,不断开展地方特色资源建设工作,形成了一批高质量的地方特色资源品牌。例如,福建省图书馆的闽南文化、客家文化的特色专藏,甘肃省图书馆的西北地方文献资源数据库,四川省图书馆的四川文化艺术精品数据库。特色鲜明的优秀数字资源对公共图书馆教育公众、服务社会、传承文明起到了巨大的促进作用。

4.6.3 政府统筹力度较大

与世界其他国家相比,我国公共图书馆数字资源建设方面政府统筹力度较大。截至 2013 年年底,全国文化信息资源共享工程已建成 1

个国家中心,33 个省级分中心,2843 个市县支中心,29 555 个乡镇(街道)基层服务点,60.2 万个村(社区)基层服务点,资源建设总量达200TB;数字图书馆推广工程已在全国 33 家省馆、374 家市馆启动实施。通过一系列重点重大数字文化工程的深入开展,一方面为我国各级公共图书馆数字资源建设提供了强有力的政策保障与经费支持,另一方面从全国层面上加强了我国公共图书馆数字资源的统一规划和科学管理,使我国公共图书馆数字资源建设得到了跨越式发展。

4.7　我国公共图书馆数字资源建设存在的问题

4.7.1　建设水平不均衡,重复建设现象严重

从调研结果中可以看出,我国公共图书馆数字资源建设水平不均衡,东部地区有近75%的公共图书馆都开展了自建资源建设工作,而这一比例在西部地区尚不足 50%。中西部地区数字资源加工能力偏低,没有发挥中西部地区图书馆的馆藏优势。同时,由于缺乏全国范围的统筹规划与管理,许多图书馆针对同一文献或同一事件、历史人物都进行了数字化建设,使各地自建数据主题同质化现象严重,造成了资源的冗余。另外,各馆商业数据库重复购买现象严重,造成了各馆数字资源建设与采购经费的浪费。

4.7.2　标准各异,数字资源孤岛化现象明显

数字资源具有高度共享的特点,通常情况下,数字信息可以进行大量的无差别复制,成本极低。同时,数字资源可以通过计算机进行高速处理,通过网络进行远距离传输,不受时空限制。目前,尽管许多省市级公共图书馆都拥有了一大批颇具地域特色的专题数据库,国家也在一定程度上进行了资源建设的统筹,但由于我国公共图书馆数字

资源建设没有遵循统一的标准规范,缺乏统一的整合平台,造成各馆所建的数字资源在数据库结构上不兼容,在用户检索界面、检索语言等方面也存在差异,无法实现对数字资源的统一揭示,更难实现对资源的深层加工整合与共建共享。各地公共图书馆建设的数字资源只能服务于本地用户,这些数字资源无异于一个个信息孤岛,没有形成数字资源的规模效应。例如,通过调研发现,我国很多图书馆都建有反映党史、抗战历史等内容的特色专题库,诸如南京图书馆的"抗日战争历史图片库"、山东省图书馆的"山东革命圣地"、天津图书馆的"天津抗战纪事专题"、武汉图书馆的"武汉地区抗日战争史研究文献资料"、长春图书馆的"长春日伪时期史料汇编",但是由于各馆建设标准各异,数据结构不兼容,不能在全国层面上进行统一整合、揭示和读者服务,影响了我国公共图书馆数字资源服务效能。

4.7.3 知识产权意识薄弱,资源建设存在风险

数字资源来源的多样性易造成数字资源产权不明晰,导致图书馆在进行数字资源建设与服务过程中,存在着一定的知识产权风险。通过调研发现,目前,我国公图书馆在馆藏数字化方面都存在一些版权作品的非授权复制问题;在网络信息资源组织方面存在一定的知识产权误区;在资源发布尤其是新媒体资源发布服务方面容易造成不正当侵权。同时,我国公共图书馆在进行数字资源建设过程中,也缺乏对馆藏资源的自我保护意识,容易造成馆藏特色资源的被盗取与滥用。

参考文献

[1] DigitalUniverse[EB/OL].[2012-03-17]. http://china. emc. com/leadership/programs/digital-universe. htm.

[2][4] 肖希明等.数字信息资源建设与服务研究[M].武汉:武汉大学出版社,2008:2,12-13.

[3] 魏大威.数字图书馆理论与实务[M].北京:国家图书馆出版社,2012:

29－32.

[4] 金胜勇.目标导向型图书馆信息资源共建共享理论体系研究[D].天津:南开大学,2010:119－158.

[5] 吴建中.转型与超越:无所不在的图书馆[M].上海:上海大学出版社,2012.

5 全国数字图书馆服务情况

进入 21 世纪,随着信息化、数字化时代的到来,计算机、网络通信等高新技术的迅猛发展,传统的图书馆服务已经不能满足现代人们对于知识的渴求,也难以适应网络信息环境下迅速高效地获取信息的要求。数字图书馆的出现极大程度上满足了全民对信息资源的共享及人们对知识的便捷需求。同时,也拓展了传统图书馆的服务宽度及范围。数字图书馆是传统图书馆的发展趋势,它让图书馆服务方式从普遍化转变成个性化,能够为每位读者提供量身定做的图书馆服务。因此,数字图书馆是未来图书馆的存在形式,它的建立对于实现覆盖全社会的信息与知识网络,提升公共文化服务能力,推动社会文化繁荣具有重大意义。根据 2012 年公共图书馆所提供的服务方面的数据,本章将会对样本进行数据分析,并在区域间、省市级进行数据对比,得出数字图书馆在服务方式、服务渠道和服务群体等方面的特点,以期对数字图书馆服务提供有建设性的建议,从而促进传统图书馆向数字图书馆的转型。

5.1 数字图书馆服务内容

5.1.1 基本服务

图书馆服务的基本内容是读者对于馆藏资源的获取,目前外购数据库和自建数据库构成了图书馆的数字资源主体,其服务方式和开放性在一定程度上体现了各地数字图书馆的服务能力。此节主要依据 2012 年公共图书馆外购及自建数字资源服务数据,对外购及自建资源服务手段、方式等进行对比分析,以得出各个图书馆在数字资源服务方面的情况。

(1)外购数字资源供给服务

外购数据库从字面理解,是图书馆根据读者需求,向数据库厂商进行购买的数字资源,这部分数字资源主要具有读者普遍需要、信息价值高的特点。

从前文数字资源情况分析来看,东、中、西部数据库数量的平均值呈现由高到低下滑态势,而省市级公共图书馆外购数据库量的差异较大。众所周知,数据库的数量与公共图书馆服务能力有极大的关联性,因此,可以看出,东部地区图书馆资源服务普遍高于中西部图书馆。首先,东部地区发展较早,广泛接受了国内外先进理念,管理及服务思想得到更新。其次,东部地区经济发达,可以支持区域内各公共图书馆购买数字资源。最后,东部地区专业技术人才充足,能够直接支持图书馆服务能力的更新与进步。

表5−1　公共图书馆外购数据库服务情况

分析事项	地区			级别	
	东部	中部	西部	省级	市级
有外购资源服务	48	41	43	31	101
无外购资源服务	8	20	28	1	55
无外购资源服务馆数占比	14.3%	32.8%	39.4%	3.1%	35.3%

对调研样本外购数据库服务情况进行分析(表5−1),从地区来看,东部地区有8家(例如北京市怀柔区、大兴区图书馆,上海闵行区等图书馆)、中部20家(例如黑龙江牡丹江市、湖北十堰市图书馆等)、西部28家图书馆(例如陕西西安、咸阳,四川攀枝花、雅安市图书馆等)不提供外购数字资源服务,分别占比14.3%、32.8%及39.4%。从省市级来看,1家省级图书馆、55家市级图书馆缺少外购数字资源服务,分别占比3.1%、35.3%。东、中部地区公共图书馆无外购数字

资源的情况主要出现在市馆,而西部地区省级、市级图书馆中新疆生产建设兵团文化中心(以下简称新疆兵团)与陕西省西安图书馆无外购数字资源服务。新疆兵团由于历史原因,没有图书馆设施,无法提供数字资源服务,属于特例。由上表可得出,在西部地区以及市级图书馆由于多方面原因共同作用,外购数字资源服务能力相对较弱,有待进一步加强。

针对已有外购数字资源服务的公共图书馆,我们也在其服务方式上对样本数据进行分析。我们对现今调研的数据库服务方式进行划分,主要分为仅限馆内读者访问、认证①和本地②使用、仅认证访问三种服务形式。

由图5–1可知,所调研的样本中共有外购数据库998个,其中167个数据库可以通过读者认证方式提供服务,561个数据库使用认证+区域授权的方式提供服务,270个数据库仅限馆内访问,这三种服务方式的占比分别为27.1%、56.2%、16.7%。从整体上来看,我国公共图书馆外购数字资源服务方式倾向于认证与本地合作的方式。但是仅限馆内访问方式也占据27.1%,某些图书馆的数据库仍是不对馆外用户开放的,说明一些数字资源服务开放程度较低。

从图5–2可以看出,三个地区的外购数字资源都是以认证和区域授权访问为主提供服务,东、中、西部的认证与区域授权比例分别是80.3%、61.9%和66.2%,但中、西部地区仅限馆内访问控制方式的数据库的百分比要高于东部地区,尤其是中部地区高达38.1%的数据库仅限馆内服务。因此,从图5–2可以得出,东部地区外购数据库的开放程度要高于中、西部地区,外购数字资源的服务基础较好,服务能力较高。

从东部地区公共图书馆外购数字资源服务方式来看,本次调研的

---

① 馆外访问需要用户名和密码。

② 本地区或城市范围访问。

外购数据库中,东部地区 548 个,占数据总数的 54.9%。其中,以认证形式服务读者的数据库有 80.3%,说明东部地区符合全国外购数据库的访问控制方式以认证访问为主,扩宽了外购数字资源的服务范围,增强了资源服务能力。

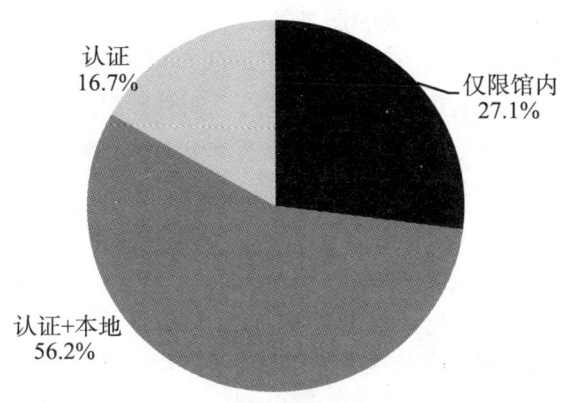

图 5 - 1　公共图书馆外购数字资源服务方式

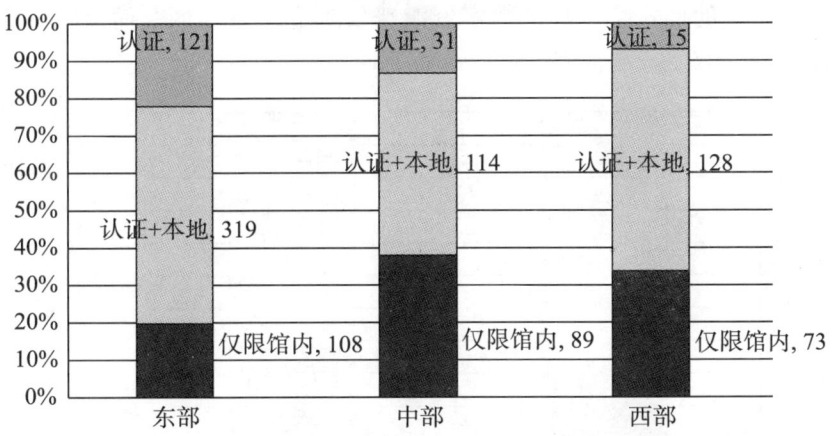

图 5 - 2　东中西部外购数字资源服务方式比较

109

回顾图 5-2,中、西部地区外购数据库服务方式大致相同。中部地区数据库共有 234 个,占数据库总数的 23.4%。相比东部地区,中部地区图书馆外购数据库的访问方式中,仅限馆内方式增加了 9%,而认证形式的比率减少了 9%。说明相比东部,中部地区图书馆外购数字资源虽然以认证 + 本地的服务方式为主,但是其服务范围大大缩小,更多的数据库还是仅限馆内访问。从西部数据库的构成来看,认证访问方式的比率由东到西大幅下降,说明外购数字资源访问形式的开放程度也逐渐降低,在西部地区仅有 6.9% 的外购数据库可以以全国认证的方式对数字资源进行访问与获取。

从图 5-3 可以看出,省级图书馆中,认证、认证 + 本地、仅限馆内 3 种服务方式的外购数据库分别有 63 个、175 个、70 个,分别占比 20.5%、56.8%、22.7%。而市级图书馆中,认证、认证 + 本地、仅限馆内三种服务方式的外购数据库分别有 104、386、200 个,占比 15.1%、55.9%、29.0%。根据上图分析得出,公共图书馆外购数据库的一般服务方式为认证 + 本地。省级图书馆外购数据库的服务范围更广,以用户认证的形式将自身的数字资源普及到全国各地区。而市馆则倾向于外购数字资源仅限于馆内读者使用。

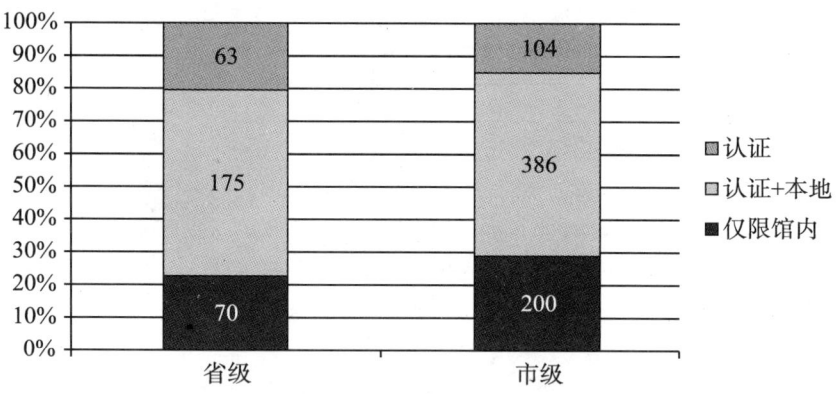

图 5-3 省市级图书馆外购数字资源服务方式

表 5 – 2　公共图书馆外购数据库服务方式概览表

区域 \ 访问方式	级别	仅限馆内	认证 + 本地	认证	外购数据库总量
东部	省级	11	24	48	83
东部	市级	97	295	73	465
中部	省级	29	58	2	89
中部	市级	60	56	29	145
西部	省级	30	93	13	136
西部	市级	43	35	2	80
总数		270	561	167	998

　　根据上文对外购数据库资源服务方式的分析可以看出,东部省级图书馆大部分外购数据库已经实现了用户认证的访问控制方式,服务范围得到有效扩大。而西部地区认证形式数量较少,总体来说开放程度极低。因此,外购数字资源服务能力的增强,不仅需要国家及地方财政的大力支持,各地方馆也应增强数字图书馆观念、提高积极性。

　　(2)自建数字资源供给服务

　　自建数据库与外购数据库构成了图书馆数字资源库群,自建数据库是根据图书馆所在地区的文化特色,以集中展示的形式将特色信息收集起来,便于对地区文化进行专门研究。例如,福州市图书馆的林则徐专题库,广东省立中山图书馆的孙中山专题库、绍兴图书馆的绍剧数据库等,都是各馆在其特有的人文环境下自建的数字资源。自建数字资源服务主要依靠于自建数据库,而自建数据库的产生是建立在各馆所在地悠久且独特的人文文化基础上。

　　由前文数字资源的研究可以看出,自建数据库数量平均数随着东、中、西三个区域递减,并且随着省、市两个级别递减。

表5-3 公共图书馆自建数据库服务情况

分析事项	地区			级别	
	东部	中部	西部	省级	市级
有自建资源服务	43	30	29	29	73
无自建资源服务	14	27	39	3	77
无自建资源服务馆数占比	24.6%	47.4%	57.4%	9.4%	51.3%

从表5-3得出在自建数据库服务情况中,东、中、西部分别有14家、27家、39家图书馆没有提供自建资源服务,分别占比24.6%、47.4%、57.4%。说明在东部地区公共图书馆文化保护与留存的意识要高于中、西部地区,并且有财力与人力去收集、建设数据库。因此,中、西部地区在外购数据库的同时,应注重挖掘地区内现有文化资源,关注民族文化的继承与传承。从省市来看,3家省级图书馆、77家市级图书馆缺少自建数字资源服务。例如省级图书馆中的海南省图书馆、四川省图书馆、新疆生产建设兵团文化中心;市级馆中的上海浦东图书馆、湖北十堰市图书馆等。

对于自建数据库,我们对其服务方式进行细分,来分析公共图书馆自建数字资源服务现状。我们针对各馆自建数字资源的服务方式划分为开放使用、授权使用、有偿使用①、不公开四种类型。

从图5-4来看,404个数据库中有71.0%的数据库是对读者开放使用的,24.8%的数据库可授权使用,0.5%的数据库可以有偿使用(包括承德市图书馆的"科普视频数据库"以及甘肃省图书馆的"四库全书研究资源数据库"),仅3.7%的自建数据库处于不公开状态(不公开自建数字资源详见表5-4)。以上说明各地区读者可在全国182家公共图书馆中享受96.3%的公开自建数字资源。公共图书馆作为非盈利性组织,不仅完成了传递科学情报的社会职能,也在尽力完善并保存人类文化遗产。

---

① 有偿使用包括对外发行和销售的数字资源。

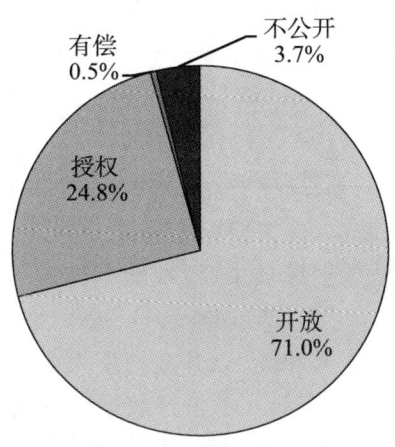

图 5 – 4 自建数字资源服务方式

表 5 – 4 公共图书馆不公开自建资源清单

所在地区	机构名称	资源名称
东部	北京市西城区图书馆	西城区图书馆图片数据库
	广州图书馆	广州人物数据库
		视频点播资源库
	佛山市图书馆	口述历史
	金陵图书馆	南京明城墙
		南京地方志
		南京年鉴
	无锡市图书馆	馆藏古籍全文数据库
	烟台图书馆	古籍数字化资源
	天津图书馆	馆藏特色图书数据库
	温州市图书馆	温州地方文献全文数据库
中部	武汉市图书馆	武汉地区抗日战争史研究文献资料库
	大同市图书馆	视频讲座

续表

所在地区	机构名称	资源名称
西部	梧州市图书馆	视频讲座
	陕西省图书馆	影视平台专题数据库

从图 5 - 5 可以看出,以东部地区为例,东部地区图书馆不公开自建数据库 11 个、有偿数据库 0 个、授权数据库 55 个、开放数据库 153个,分别占比 5.0%、0.0%、25.1% 及 69.9%。东中西部自建数据库四种使用方式的比率大体相同,以开放使用为主、授权使用为辅、间或有偿使用及不公开资源,有偿及不公开数据库占比较少。但是东部地区有偿使用数据库为 0,而中西部地区有偿使用数据库各 1 个,分别为承德市图书馆的"科普视频数据库"以及甘肃省图书馆的"四库全书研究资源数据库"。对比东、中、西 3 个地区,我们可以看出,东部及中部开放使用的数据库比例相当,而西部地区开放使用的数据库则高出东部及中部,说明西部地区在近年数字图书馆飞速发展期间,由于政策扶持、资金投入、人才引入等多方面原因,其自建数据库开放程度有了较大的提高。

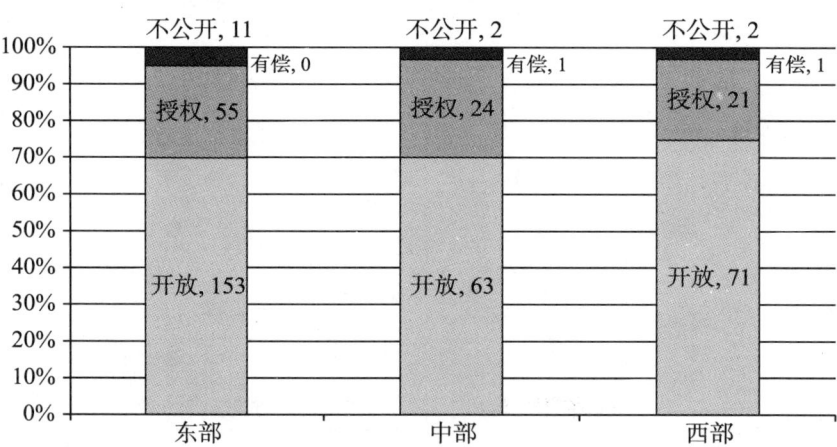

图 5 - 5 东中西部自建数字资源服务方式比较

表5-5 公共图书馆自建数据库服务方式概览表

使用方式 / 区域	级别	开放	授权	有偿	不公开 ·	自建数据库总量
东部	省级	47	13	0	1	61
	市级	106	42	0	10	158
中部	省级	17	21	0	0	38
	市级	46	3	1	2	52
西部	省级	47	13	1	1	62
	市级	24	8	0	1	33
总数		287	100	2	15	404

如表5-5、图5-6所示,省级图书馆不开放、有偿、授权、开放4种服务方式的数据库分别为2个、1个、47个、111个,对比市级图书馆则为13个、1个、53个、176个。从省市级公共图书馆自建数据库服务方式来看,省级及市级图书馆开放使用占比相当,说明省市两级图书馆都是以开放使用为自建数字资源的主要服务方式。但是市级图书馆不公开使用的数据库比例要高于省馆。这说明省市级图书馆在开放使用的同时,更倾向于以用户授权的方式让读者访问自建数字资源。一定程度上来讲,省馆自建数据库的开放程度更高,服务能力较好。

各级图书馆在积极建设数字资源库群的同时,也借助移动互联网开展了面向不同群体的数字图书馆资源服务。调研数据显示,全国省级图书馆的馆内电子阅览机位均值为113台,市级图书馆的馆内电子阅览机位均值为63台,让到馆读者可以在图书馆享有查找并免费获取数字资源的权利,不仅保障了公民的信息平等,也一定程度上满足其基本文化信息需求。从到馆读者的数字信息服务扩展到远程服务,服务对象从个人用户到机构和家庭用户,数字图书馆的出现已经让公共图书馆服务体系出现了巨大的变革,产生了积极的影响。

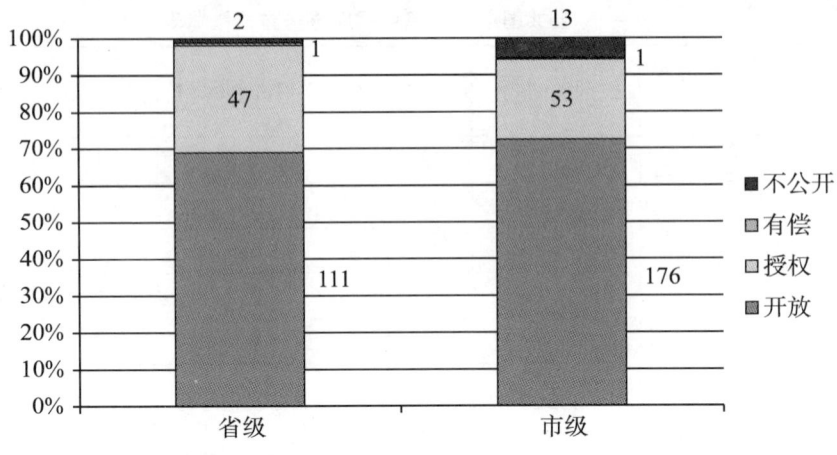

图 5 - 6　省市级自建数字资源服务方式对比

5.1.2　特殊群体服务

公共图书馆的服务面向所有的社会成员,而为了能更好地发挥公共图书馆的服务精神,除了向普通读者提供服务外,延伸到向特殊群体的服务,这样不仅能使我们的服务更具体化、更人性化,而且也能通过他们更全面地实现图书馆为社会提供服务的真谛。本节主要从残疾人服务和少儿服务两个方面展开阐述。

(1)残疾人服务

我国在残障人士福利方面所作的努力是有目共睹的,如对公共场所设施的人性化无障碍设计、面向特殊群体的免费教育和培训及为他们创造更多的就业机会等,这些无不彰显着整个社会对特殊群体关注度的提升。国内图书馆界大规模地关注残疾人始于 2000 年,理论上的研究主要是介绍国际图书馆界残疾人数字服务现状及对我国实施残疾人数字图书馆的理论思考。受相关理论研究的带动,各地涌现出一批由残疾人联合会或图书馆创建的残障人士数字图书馆。

①公共图书馆残疾人无障碍服务调研情况

为了对我国公共图书馆残疾人信息无障碍服务有一个比较清晰

的了解,学者袁丽华在 2011 年 12 月至 2012 年 2 月,对我国公共图书馆残疾人服务状况进行了调研。调查对象为我国 30 个省级、直辖市公共图书馆。调查方法以网络调查为主,并辅之以在线咨询、邮件咨询、电话咨询、文献资料调查等。主要从资源和服务两方面对残疾人信息无障碍服务进行了调查。

调研显示,在残疾人资源建设方面有 23 家图书馆提供了盲文文本资料和试听资料;21 家图书馆提供了残疾人专用电脑、软件;有 11 家图书馆提供书刊放大器、助视仪;有 3 家图书馆提供大字体读物。

在残疾人无障碍服务方面,越来越多的公共图书馆把馆内服务和馆外延伸服务结合起来,但各图书馆提供的服务情况参差不齐。具体提供各项服务的图书馆数量如图所示:

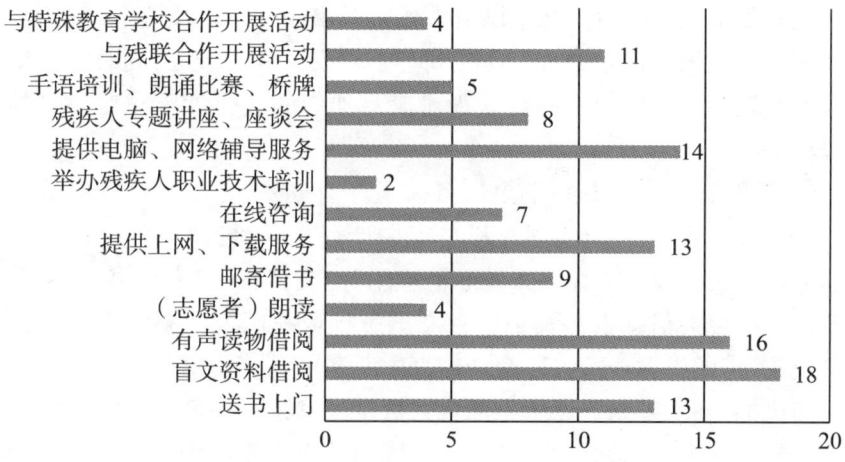

图 5-7 提供不同类型残疾人服务的数字图书馆数量

从上图可以看出,一些图书馆尝试了新的服务手段,但是大部分图书馆的信息服务仅限于传统方式,主要为盲文图书和视听资料的借阅。而邮寄借书、在线咨询、残疾人培训、志愿者朗读等活动只有少数图书馆开展,并没有形成普遍趋势。在合作服务上,一些经济发达地区的公共图书馆能主动联系残联、特殊学校,合作开展个性化活动,拓宽了为残疾人读者服务的范围,取得了较好的效果。

在服务对象上,残疾人的服务主要针对视障群体,很多图书馆都设立了有声阅览室、盲人阅览室等,提供盲文资料和有声读物,并提供盲人专用电脑和相关辅助软件,部分图书馆还开展盲人专用电脑和网络使用的辅导或培训活动。而图书馆针对其他类型残障者的专门服务还很少。

②中国盲人数字图书馆

在国际图书馆界,盲人数字图书馆的研究早在上个世纪 80 年代就得到了广泛的关注,国际图联也于 1983 年成立了盲人图书馆联合分会。其后,美国、法国、加拿大等国分别建立了盲人数字图书馆。近年来,一些发展中国家纷纷筹划建立本国的盲人数字图书馆,而我国在此方面却相对落后。在中国盲人数字图书馆网站建成之前,视障群体在获取知识与信息上难以享受到与正常人一样的服务,同时图书馆服务设施和盲文出版物的稀缺很难满足他们的文化诉求与对信息的渴求。

2008 年,按照《中共中央国务院关于促进残疾人事业发展的意见》的要求,在"十一五"国家科技支撑计划重点项目"中国残疾人信息无障碍关键技术支撑体系及示范应用"的支持下,国家图书馆、中国残疾人联合会信息中心及中国盲文出版社依托国家图书馆丰富的馆藏资源,借助中国残疾人联合会信息中心和中国盲文出版社信息无障碍建设的经验,筹划建设了中国盲人数字图书馆。2008 年 10 月,中国盲人数字图书馆网站正式开通,这是国内首个国家级别的专为视障群体服务的网络图书馆,也是国内率先依据无障碍化国际标准建成的非残障机构网站,在资源的选择、技术应用、合作模式等多方面开创了先河。中国盲人数字图书馆网站的服务对象是广大视力残疾读者,包括盲人、弱视、色弱等群体。服务对象的特殊性要求项目的建设者从特殊视角考虑服务内容和表现形式,如大到项目规划、栏目设置、资源选择,小到字体位置摆放等,都要顾及盲人使用的便利性。盲人读者只要在电脑上安装读屏软件,登录中国盲人数字图书馆网站(http://www.cdlvi.cn)就可以使用网站上的资源,通过触觉和听觉获取知识。在服务中建设者注重加强版权保护,积极开发网站身份认证平台,切实保护所承载资源的著作权,避免版权纠纷;同时,建设者十分注意弥补程序编写的遗漏,利用多种技术手段完善网站的防下载功能。网站建成以来,已有来自101个国家和地区的用户试用,盲人用户可通过盲人读屏软件上网,免费收听国家图书馆的电子图书、在线讲座等数字资源。该网站得到了国际残疾人权利委员会的高度重视,是中国政府履行《国际残疾人权利公约》的具体体现。

③中国残疾人数字图书馆

为加快我国信息服务无障碍事业的发展,建设和谐社会,2010年文化部正式批准启动"中国残疾人数字图书馆"建设项目,由国家图书馆牵头,沿袭中国残联信息中心和中国盲文出版社多家共建模式,计划在3年内搭建起平台,为残疾人提供量身定做的服务。

中国残疾人数字图书馆的建设分别从多媒体相关资讯的可及性、网页结构和表现的可及性、网页开发和输入输出装置相关技术处理的可及性、网站浏览机制的可及性等方面入手,深入研究符合 XHT-ML1.0 技术规则的无障碍读取新技术,并针对残疾人使用习惯,进一步完善个性化定制服务、升级无障碍支持软件,从技术手段层面保障并加强信息读取无障碍。在栏目设置、资源形式和内容遴选上,中国残疾人数字图书馆建设者广泛听取残障人士的意愿,以他们的切实需求为根本出发点,设置电子图书、音乐、加配字幕的讲座、有声读物、残疾人在线教育课堂、自学考试测试、残疾人电影等栏目,并按照"边建设边服务"的原则,不断扩容中国残疾人数字图书馆网站各栏目的数字资源,以满足不同职业、不同兴趣爱好的残疾人的需求,同时在秉承这一原则基础上,积极拓展相关服务,不断充实资源建设,服务整个残障人群。

中国残疾人数字图书馆是集合多家之长、互通有无、集思广益的创造性产物。它依托国家图书馆浩瀚的资源,借鉴中国残疾人联合会无障碍网站的建设经验,凭借中国盲文出版社的宣传推广,借助信息无障碍实现技术单位之力,探索一条强强联合、优势互补的行业交叉合作模式。这必将成功地积累有关资金流向、人员配置、责任划分等一系列细化合作共管的宝贵经验。其建设经验将为国家图书馆乃至整个文博系统突破本行业服务领域束缚,拓宽服务思路,实现服务的越界和延伸提供良好的范式。

(2)少儿服务

少年儿童是祖国的未来,有效加强少年儿童的教育培养,关系到一个国家的长远发展。公共图书馆作为公共文化服务体系的重要组成部分,已经成为少年儿童成长的"第二课堂"。2010年,文化部下发《关于进一步加强少年儿童图书馆建设工作的意见》,对保护广大少年儿童的文化权益、建立健全公共文化服务体系提出了具体的要求。面对新的形势,公共图书馆如何创新少儿服务模式,探索服务新举措,更好地发挥公共图书馆教育阵地作用,已经成为业界关注和探讨的新课题。为广泛了解全国公共图书馆开展少儿服务尤其是网络服务的情况,2011年,国家图书馆对全国488家公共图书馆进行了广泛的调研。

①调研基本情况介绍

本次调研共有488家公共图书馆,其中省级图书馆31家,市级图书馆172家,县级图书馆285家;根据东、中、西部地区划分标准,将本次调研公共图书馆的所在区域也做了相应划分,其分布情况为东部地区202家、中部地区103家、西部地区183家。

调研方法主要为网页信息搜集,对于个别信息采取了电话确认的方式。主要调研内容包括各馆少儿服务开展情况和少儿网络服务内容。为避免差异性,调研过程中我们对拟采集和统计的信息进行了清晰的界定,在服务方面,提供少儿服务的标准为网站上有专门的少儿信息,或该馆有少儿阅览室;提供少儿网络服务的标准为网站上有少儿活动公告、书刊推荐、数字资源等;有单独的少儿网页标准为整个页面(包括各栏目标题)均为少儿内容,不包含其他类资源的内容。

在调研的488家公共图书馆中,提供少儿服务的图书馆306家,占调研总数的62.7%,其余182家图书馆未能从网络获取相关信息。在306家提供少儿服务的图书馆中,仅提供实体服务的图书馆有202家,有104家图书馆提供实体服务和网络服务(见图5-8)。

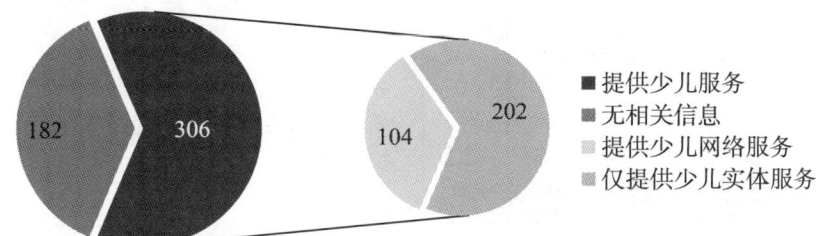

图5-8　提供少儿服务的图书馆数量分布情况

②少儿网络服务开展情况

提供少儿网络服务的图书馆有104家,占调研总数的21.3%。其中,有15家图书馆有独立的少儿网站,其余89家图书馆则在网页上设置了相应的少儿栏目(如少儿天地、少儿园地等)。数据显示,提供少儿网络服务的图书馆数量不足调研总数的四分之一,可见少儿网络服务尚未引起足够的重视,今后有待发展。

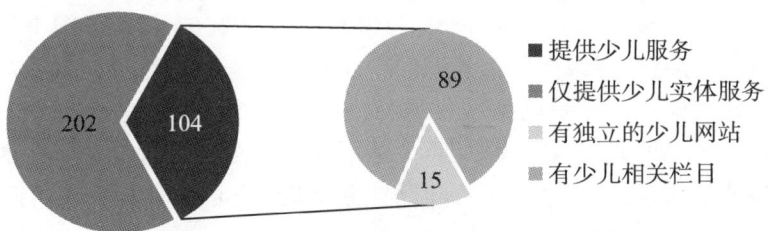

图5-9　提供少儿网络服务的图书馆数量分布情况

● 不同级别图书馆比较分析

调研结果显示,有 28 家省级图书馆提供少儿服务,其中 21 家具备少儿网络服务;有 132 家市级图书馆提供少儿服务,其中 68 家具备少儿网络服务;有 146 家县级图书馆提供少儿服务,其中 15 家具备少儿网络服务。具体百分比见图 5 – 10。

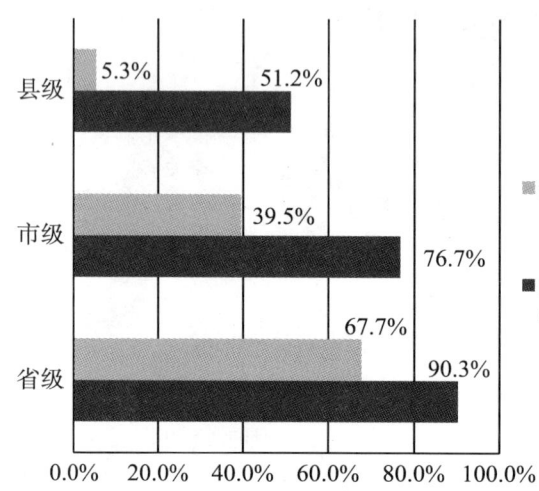

图 5 – 10　各级别图书馆提供少儿服务以及少儿网络服务情况

由上图不难看出,提供少儿服务以及少儿网络服务的情况按行政级别依次降低,省级第一,市级次之,县级最后。在少儿实体服务方面,省级、市级图书馆差距不大;在少儿网络服务方面,省级图书馆开展数量较多,而市级图书馆开展的少儿网络服务相比较少。县级图书馆无论实体服务还是网络服务均与高级别的图书馆有较大差距。影响这一结果可能有两方面原因:一是不同级别图书馆对少儿服务的重视程度不同;二是图书馆经费问题导致少儿服务的软硬件投入不同。

● 不同地区图书馆比较分析

按地区分布统计,156 家东部公共图书馆提供少儿服务,其中 58 家提供了网络服务;50 家中部公共图书馆提供少儿服务,其中 20 家提供网络服务;100 家西部公共图书馆提供少儿服务,其中 26 家提供网络服务。具体百分比详见图 5－11。

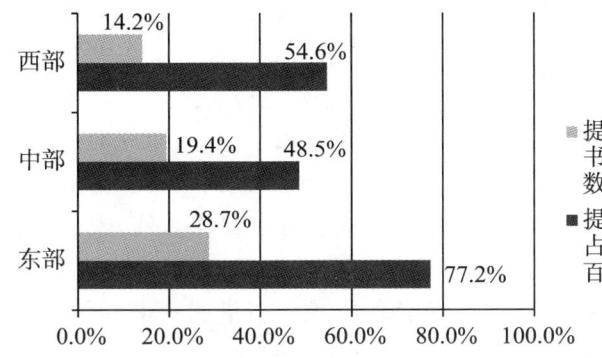

图 5－11 各地区图书馆提供少儿服务以及少儿网络服务情况

数据显示,无论是少儿实体服务还是少儿网络服务,东部地区均处于领先水平,明显高于其他地区。西部地区少儿实体服务比例大于中部地区,但少儿网络服务比例却小于中部。三个地区公共图书馆开展的少儿实体服务比例均大于同地区少儿网络服务,可见虽然少儿实体服务得到了一定的重视与发展,但是少儿网络服务却相对滞后,没有同步开展。造成这种差异的主要原因有重视程度、少儿用户需求和资金投入等。

③少儿网络服务内容分析

此次调研中的 104 家图书馆开展的少儿网络服务内容具体如图 5－12所示。

从图 5－12 可以看出,目前这些图书馆通过网站开展的少儿服务主要有:新闻/公告、新(好)书推荐、数字资源库、在线学习资料(科普信息)、青少年 BBS 等。在这些服务项目里,新闻/公告是网络服务的主要内容,此次调研中共有 70 家图书馆定期在网站上发布一些关于少儿活动的新闻、讲座介绍等内容。其次是新(好)书推荐和数字资源库,调研发现,一些图书馆网站虽然没有设置专门的少儿栏目,但是在其数据库列表中提供了少儿数据库。有 29 家图书馆开展了在线学习资料,如科普信息、童话故事等。有 15 家图书馆提供专门的少儿书目检索,7 家图书馆提供专门的少儿网上续借功能,其余的图书馆则需要少儿读者在图书馆首页进行统一的检索和续借。有 6 家图书馆开设了青少年 BBS,其中包括博客、微博等新兴网络沟通渠道。在线心理咨询、在线展览和讲座开设的较少,可以明显看出,目前少儿网络服务的建设尚未普及到各地区,服务形式大多仍停留在到馆参加活动和网页发布通知等方式,在线服务内容和方式有待丰富。此外,这种现状的也有可能是由少儿群体自身兴趣习惯和学习需求所决定的。一些地区的少年儿童可能更习惯于到实体图书馆进行借阅图书,而他们以及他们的父母并不习惯于利用少儿网站进行网络续借、检索书目等,图书馆会根据少儿用户需求来开展对应服务,因此这些都会导致各地图书馆开展少儿网络服务方式的不同。

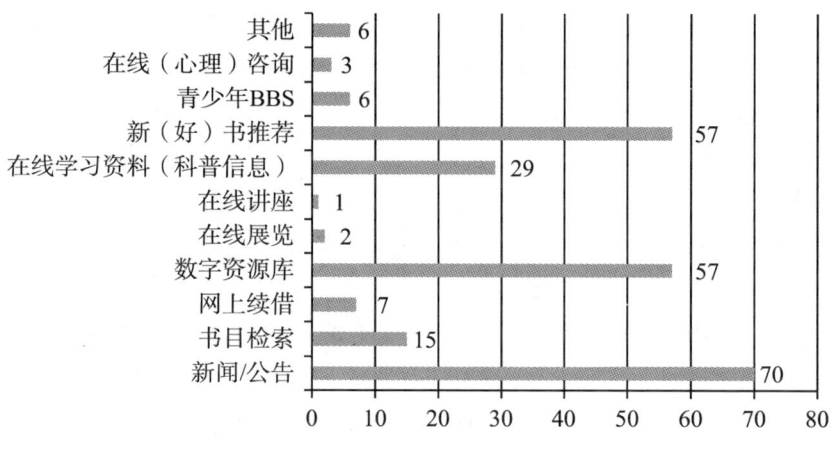

图 5 – 12　图书馆开展各项少儿网络服务情况

④少儿数字资源访问服务

此次调研中,有 79 家图书馆提供少儿数据库服务,情况如下:总计提供 224 个数据库资源的访问,平均每家图书馆拥有数据库 2.8

个。在建设方式上,主要采取自建与外购相结合的方式,且两种方式的建设力度相差不大,分别为自建数据库占数据库总量的 40.6%,外购数据库占 59.4%。

在访问方式上,总体来说限馆内访问的资源较少,只占总量的34.8%,其余 65.2% 的资源无需登录或通过读者卡认证、网络注册的方式即可在馆外任何地点访问。资源的开放性为少年儿童利用数字资源提供了极大方便。

详细来说(图 5-13),各地自建资源的开放程度较高,90.2% 的资源都支持馆外访问。如此高的开放程度一方面是由于自建资源多为本馆特色资源,较好的解决了版权问题,如"广州记忆""闽南童谣""厦门民间故事"等;另一方面还有一定数量的科普教育类资源,多为本馆搜集整理的网页开放资源,不受版权问题的限制,如"科普园地""中小学作文""英语角""名人故事库"等。限馆内访问的资源主要为各馆自建的影视欣赏、VOD 视频点播等受版权保护无法开放的资源。

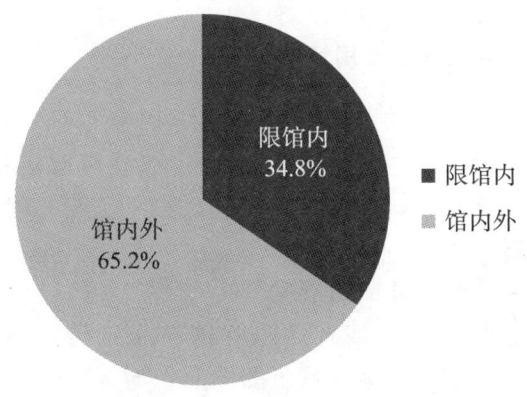

图 5-13 资源访问方式

外购数据库方面,49.1% 的资源提供馆内外无限制访问,访问方式主要为馆外读者卡登录。各馆在少儿资源采购过程中,充分考虑到儿童群体特征,通过开放便捷的网络服务满足其阅读需求。

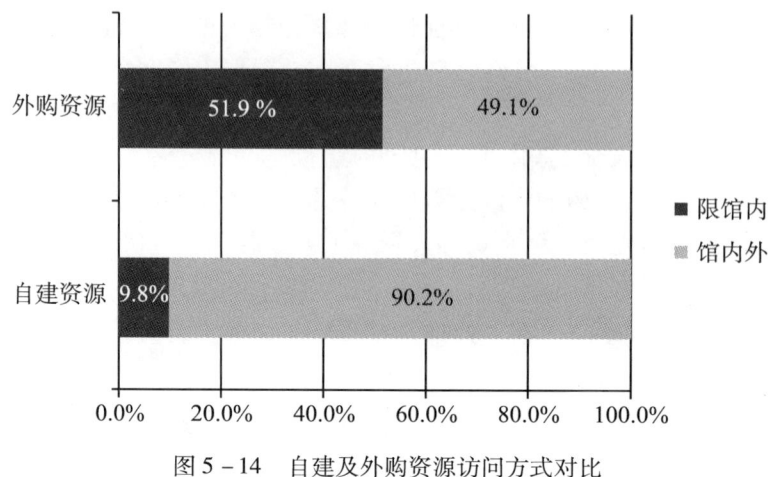

图 5 - 14　自建及外购资源访问方式对比

5.2　数字图书馆服务方式

5.2.1　服务系统的应用情况

利用前文 2012 年的调研样本数据,本节主要研究所调研的 198 家图书馆中服务系统的应用情况。具体包含:馆际互借和文献传递系统、资源统一检索系统、流媒体点播系统、数字资源远程访问系统、虚拟参考咨询服务系统。

(1)服务系统的总体应用情况

在调研的图书馆中,拥有馆际互借与文献传递系统的图书馆有 32 家,拥有资源统一检索系统的图书馆有 82 家,拥有流媒体点播系统的图书馆有 64 家,59 家图书馆拥有数字资源远程访问系统,44 家图书馆拥有虚拟参考咨询服务系统。具体覆盖百分比见下图:

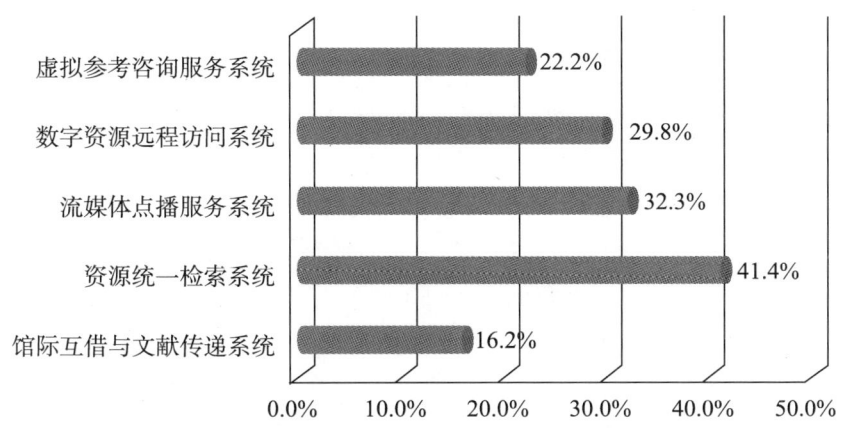

图 5 – 15　五类服务系统的图书馆占调研总数的百分比

从上图不难看出,各类服务系统平台在图书馆的应用比例不足 50%,可见服务系统在图书馆的普及程度并不理想。资源统一检索系统普及率最高,有 41.4% 的图书馆建立了相关系统;排名第二、第三的分别是流媒体点播服务系统和数字资源远程访问系统;虚拟参考咨询系统占 22.2%,馆际互借与文献传递系统仅占 16.2%。由此可见,流媒体服务作为一种新型的服务,在图书馆开展得如火如荼,其在图书馆的使用率已经超过了传统的一些服务。

根据前文分析结果显示,各类服务系统在不同地区图书馆覆盖的百分比具有强烈的趋同性,即东部的覆盖率最高,西部的覆盖率最低。各类服务系统在不同级别图书馆覆盖的百分比也具有强烈的趋同性,即副省级以上的图书馆覆盖率高,市级的图书馆覆盖率低。

(2)各类服务系统获取渠道分析

我们在调查问卷中将各类服务系统的来源渠道分为三类:自主开发、配发和购买。自主开发是指图书馆投入资金,根据本馆自身和读者需求,由本馆的技术员工进行开发的服务系统。配发是指图书馆加入某种组织或者项目之后,由该组织或项目组开发服务系统,图书馆可以复用该系统。购买是指图书馆投入资金,购买相关公司生产的服务系统。

分析结果显示,购买方式是各个图书馆获取服务系统的主要渠道,图书馆采用购买系统的方式,只要投入资金,系统开发与后期维护都有公司负责,为图书馆省去了不少人员和精力投入。但购买方式不但造成了图书馆资金的重复投入,各个图书馆的服务系统异构性还使得图书馆之间不能有效地共建共享。第二个获取途径是配发,这不失为是图书馆获取服务系统的比较好的途径之一,因为配发系统不仅可以为图书馆减少资金投入,还能有效地实现同一组织或项目内的多个图书馆之间的系统互连互通。自主开发服务系统的图书馆屈指可数,我们可以推测,可能是由于图书馆技术水平薄弱,尚不能达到自主开发系统的能力;另外自主开发投入的人员和精力也比较多。

5.2.2 新媒体服务情况

(1)触摸屏服务开展情况

触摸屏服务可以为读者提供最方便、简单、直观的信息获取服务。总体来说,目前我国图书馆界触摸屏的使用主要集中于服务宣传、资源介绍、电子报刊以及中国政府公开信息整合服务平台等方面,触摸屏与用户的交互还比较少。正如第三章分析所示,触摸屏在东、中、西部图书馆的使用情况是东部最高,有59%的图书馆使用了触摸屏,中、西部相差不大,且覆盖率均不超过50%,可以看出,触摸屏作为一种新媒体服务方式,虽未普及使用,但已经在图书馆中逐步流行起来。省级图书馆的覆盖率已经达到81%,要远远高于市级图书馆37%的覆盖率。可见,触摸屏服务在级别较高的图书馆开展得较好。这与地域发展、图书馆自身情况和用户需求是分不开的。

(2)移动终端资源访问服务开展情况

随着计算机、网络和无线通讯技术的迅猛发展,各种便携移动终端大量涌现,互联网已进入移动时代。移动图书馆服务是一种基于知识内容、知识环境和应用群体的有机集成的服务,能够实现数字资源的全天候、开放型、网络化、移动化、个性化、互动服务模式,将是网络环境下图书馆服务的主流形态。如第三章所示,提供移动终端服务的图书馆共有 44 家,占调研总数的 22.2%。其中,东部地区有 25 家,覆盖率为 39.7%,中部地区有 14 家,覆盖率为 22.6%,西部地区有 5 家,覆盖率为 6.8%。省级图书馆有 17 家,覆盖率为 53.1%,地市级图书馆有 22 家,覆盖率为 16.3%。

由此可见,西部地区图书馆的移动终端服务覆盖率远远低于东部和中部地区,同样,市级图书馆的移动终端服务覆盖率也大大低于省级图书馆。由于在图书馆移动服务平台的开发工作中,移动运营商和网络信息技术公司承担着重要的角色。因此,西部或者市级图书馆的移动终端服务没有开展起来,很大程度是因为移动网络没有覆盖或者与这些公司没有洽谈合作。另外,有些移动终端服务需要使用智能手机才能获取,而覆盖率低的这些图书馆很可能其所在地区的经济水平和用户消费水平不高,从而没有这方面的需求和设备。

公共图书馆通过移动终端可以提供的服务有:移动图书馆短信服务,读者通过手机短信形式获取和查询相关信息;WAP 网站服务,该服务在信息查询和交互功能上优势更加明显,在很大程度上弥补了短信服务的不足。读者通过手机等移动设备登录图书馆 WAP 网站,能够像在电脑上登录图书馆网站那样查看图书馆公告、查询书目和借阅记录、预约和续借图书等,而只要能够接入无线网络,这些操作随时随地都可以进行。目前国家图书馆、东莞图书馆、武汉图书馆、上海图书馆、厦门图书馆、苏州图书馆等开通了这项服务。

(3)数字电视服务发展情况

数字电视网络在政府的积极推动下已演变成为一个巨大的交互式多媒体平台,成为信息传播和普及的重要渠道。图书馆可以利用数字电视的交互功能,开发相应的接口,将数字图书馆和数字电视连接起来,使数字图书馆的服务延伸至电视。用户只要打开电视,通过遥控器就可以享受数字图书馆的便利服务。

2009 年 9 月 18 日,国家图书馆会同合作单位共同推出了首家数字电视图书馆——国家图书馆数字频道(NLCTV),2000 多户家庭通过数字电视接受"国图空间"提供的数字图书、报刊、讲座、多媒体课堂和业务办理等服务,开创了电子图书资源通过电视向读者开放的先河。在此之后,上海、天津、长春、青岛、佛山、深圳等地也都相继开通了数字电视图书馆。2012 年 5 月,文化部、财政部正式下发"关于实施数字图书馆推广工程的通知",推广工程正式启动。随后,通过推广工程的实施,国家图书馆与贵州、绍兴、常州、广西、杭州等图书馆合作,共建数字电视图书馆,并对各图书馆的电视服务提供技术支持。2013 年,推广工程将与福建、陕西、马鞍山、深圳等图书馆进行数字电视的项目合作。

从调研可以看出,目前只有少数省市公共图书馆实现了数字电视图书馆服务,由于数字电视服务项目的开展不仅依赖于图书馆自身,还需要借助电信网、广播电视网的配合,同时也受频道带宽、机顶盒性能的影响,因此数字电视图书馆的建设有待进一步积极推广。同时,还可以进一步加强个性化服务的开展,深化服务内容。

5.2.3　Web2.0 服务情况

此次调研没有针对图书馆开展 Web2.0 服务的情况进行专门问卷设计。图书馆界学者关注 Web2.0 在图书馆中的应用始于 2006 年,当时范并思等专家最早提出了可以在图书馆中应用 Web2.0 技术,实现 Lib2.0。随后几年,大量公共图书馆、高校图书馆和专业图书馆开始应用 Web2.0 技术为读者提供更好的服务。武汉大学的司莉学者曾在 2010 年对我国所有省级及省会城市的 49 所图书馆开展调研,涉及 RSS、Blog、Wiki、IM、Tag、Ajax、Toolbar 和 SNS 等在内的 10 项技术。结果显示,有近 37% 的图书馆没有采用 Web2.0 技术。所选择调查的 10 种 Web2.0 技术中,按使用图书馆数量的降序排列,依次为:IM(18 所,36.7%)、RSS(15 所,30.6%)、Tag(11 所,22.4%)、Ajax(10 所,

20.4％）、Blog（5 所,10.2％）、Social Bookmark（4 所,8.2％）、SNS（3 所,6.1％）、Dig（1 所,2.0％）,Wiki 与 Toolbar 没有使用。可见,当时 Web2.0 技术在我国省市级图书馆中应用还不够广泛,一些较复杂的技术使用率很低甚至为 0。这与图书馆理念、馆员技术素养以及用户使用习惯等因素有关。但还是有很多图书馆瞄准了 Web2.0 的广阔前景并积极行动起来,应用 Web2.0 技术升级图书馆的服务。

2009 年起,"微博"这种新型的 Web2.0 应用进入人们的视野,并且迅速地得到普及,但最初并没有在图书馆界广泛使用。有学者曾在 2010 年 8 月对新浪微博、网易微博、搜狐微博、人民微博、follow5 等 5 个微博平台进行检索,结果图书馆的账户非常少,共 14 个,其中 12 家为高校图书馆,仅有 2 家公共图书馆。南开大学张文彦学者于 2011 年 8 月对新浪、腾讯两家国内主流微博进行调查。结果显示,共有 43 家经过认证的公共图书馆开通了官方微博。本文对新浪微博进行了调研,截至 2013 年 5 月 22 日,共有国家图书馆和 81 家公共图书馆开通了官方微博并经过认证。其中东部地区 62 家,中部地区 7 家,西部地区 12 家;省级图书馆有 14 家,市级图书馆 48 家,县级图书馆 19 家。东部地区公共图书馆开通微博数量遥遥领先,可见其对这项 Web2.0 服务的重视,同样,西部图书馆和市级图书馆在开通微博服务方面也显示出很高的积极性。调研显示,公共图书馆利用微博开展的服务主要有:新闻资讯、资源推介、活动预告、服务介绍;还有一些图书馆提供了读者咨询服务,即读者在使用图书馆时遇到任何疑惑和问题,都可以利用微博@图书馆,将问题直接传达给馆员,从而帮助读者及时、准确地获取有关使用方法的信息。一些知名图书馆不仅建立了馆方微博,还针对该馆举办的一些特色活动或者开展的特色项目建立了单独的专门微博,例如,国家图书馆除了馆方微博外,开通了"网络书香"微博;上海图书馆除了馆方微博外,还开通了上图讲座、上海图书馆信使两个微博;浙江图书馆开通了"浙江图书馆文澜学苑"微博。虽然不少公共图书馆积极利用微博开展图书馆服务,为用户提供便利,但仍然存在一些问题,如公共图书馆微博粉丝数量少,普及度和影响力尚不够;公共馆的微博建设与维护不到位;博客动态性和活跃度不够等。

5.3 数字图书馆服务效果

在服务效果方面,本节主要运用图书馆平均到馆次数,网站点击量,数字资源访问量、下载量占比等几个测量指标来分析数字图书馆的常规服务所取得的效果。

5.3.1 读者年均到馆次数

判断一个公共图书馆是否履行了社会职能,首要标准就是图书馆服务的覆盖率。而读者平均到馆次数则体现了图书馆对读者的重要性及其利用价值,一定程度上也说明了数字图书馆服务的覆盖程度。由于省市级图书馆所辖地区常住人口的辖域不同,无法在省市级区域内进行比较,因此在分析读者年均到馆次数指标中,我们分别从东、中、西3个区域内省市级图书馆进行比较,以得出相应结论。本次调研,我们以已实施数字图书馆的公共图书馆作为调研样本,分别调研了公共图书馆读者年平均到馆次数[①]指标,以判定公共图书馆在文化部、财政部下发三馆免费开放政策后公共图书馆、依托于公共图书馆所建设的数字图书馆的服务效果。

从图5-16可以看出,东部地区省级图书馆读者年平均到馆次数为10.5次,市馆为18.3次;中部地区省级图书馆读者年平均到馆次数为17.3次,市馆为22.4次;西部地区省级图书馆读者年平均到馆次数为12.4次,市馆为31.4次。从省市级图书馆来比较,东、中、西部地区读者平均到馆次数趋势相同,市级图书馆的平均到馆次数要高

---

① 平均到馆次数 = 年到馆读者人数/图书馆有效证件总量。

于省级。从地区来比较,中、西部地区要优于东部地区图书馆。可能的原因是东部地区数字图书馆发展较快,读者可以通过网络便捷地利用数字图书馆提供的服务,从而使得到馆读者减少。此外,人口的流动性、地区的封闭性以及交通的便利程度等因素也会影响读者到馆次数。

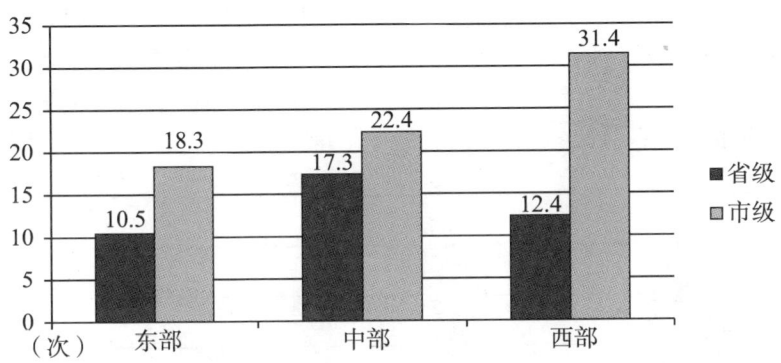

图 5-16　公共图书馆读者年平均到馆次数

　　从上述两项指标来看,东部地区公共图书馆常规服务效果较好,覆盖性较高,并且服务广度宽泛。而中、西部地区应充分运用数字图书馆服务理念,满足广大群众对信息资源的需求,将服务推向地方,从而整体提高人民的文化水平。

5.3.2　网站年点击量均值

　　图书馆网站是进入现代化信息时代后又一检验图书馆服务能力的重要指标之一。21 世纪以来,图书馆不仅能面对面地为读者提供服务,更能通过虚拟的网络连接读者,让读者足不出户就可以获取图书馆的数据信息。

　　根据图 5-17 可以看出,东部地区省馆网站年点击量为 111.0 万次,市馆为 58.8 万次;中部地区省馆网站年点击量为 119.6 万次,市馆为 24.3 万次;西部地区省馆网站年点击量为 53.8 万次,市馆为

17.2万次。中部省级图书馆的网站点击量均值要高出其他地区省市级图书馆,其网站年点击量均值为119.6万次。主要是由于在中部地区的湖南图书馆、江西省图书馆两馆网站点击量高于均值。说明这两馆的网站在一定程度上要比其他图书馆维护的好。数字图书馆建设、网站内容及时更新、宣传讲座及时上线,活动发布等方式都会吸引读者对公共图书馆网站进行点击及阅览。从数据可以分析得出,东、中部网站点击量要远远高于西部地区,而省馆要高于市馆。东部地区市级图书馆的年点击量要高于其他地区,是省会城市图书馆普遍偏高所致,例如金陵图书馆的年访问量能达到980万次。

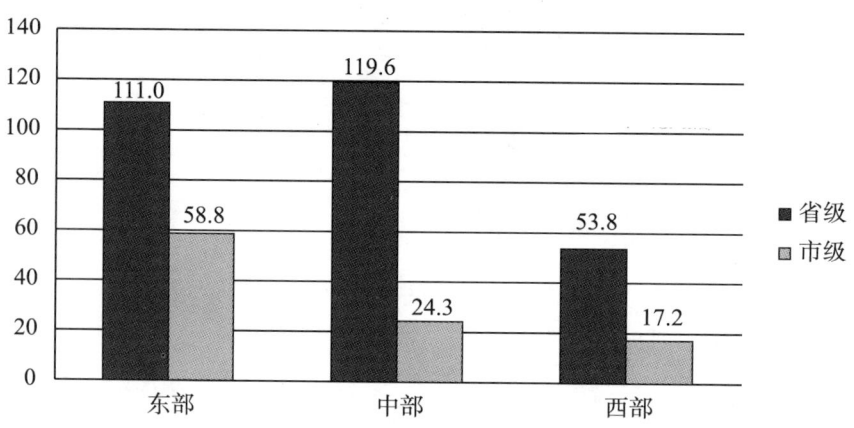

图5-17 公共图书馆网站年点击量均值

从图5-18可以看出,省、市级公共图书馆的资源访问量及下载量基本上自东向西递减,东部地区省级图书馆数字资源下载量处于各地前列,主要是浙江图书馆(200万次)与山东图书馆(233.7万次)数字资源的下载量较高。由此可以看出,东部地区的省级图书馆数字资源服务较好,为广大读者提供数字资源下载支持。东部市级图书馆在其省馆的支持下,区内各图书馆能够共享省馆数字资源,但是中、西部地区市馆由于经费不足,导致其数字资源只能在本馆访问,开放程度并不高,因此中、西部地区整体数字资源下载量较低。其中2012年调研数据中,中部的贵州省图书馆的数字资源访问量高达3032.7万次,主要因为依托于贵州省图书馆而建的贵州数字图书馆作为全省虚拟网联通示范馆,其省馆的资源在贵州省内各家图书馆均可访问获取,真正的实现了省内联通。因此由于贵州省图书馆的特殊性不再纳入数字图书馆访问量均值的计算中。

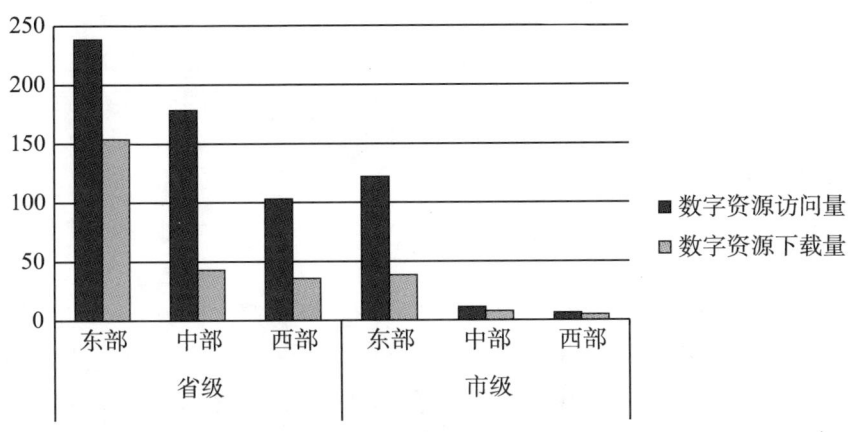

图5-18　公共图书馆数字资源访问量及下载量

5.4　当前数字图书馆服务特点

数字图书馆在我国出现以来,以其迅猛的态势席卷了我国大江南北。在数字图书馆的数量不断增加的同时,各地也开始追求质量上的发展,整体表现为特点突出且初见成效。从本次调研的数据可以看出,我国数字图书馆的发展已经进入了保质阶段,公共图书馆开始完善自身数字图书馆的建设,并积极寻求与行业内、行业间的合作与共享,使数字图书馆建设惠及全民。

5.4.1 数字图书馆开放程度增加

自 2011 年 1 月 26 日文化部、财政部联合下发《关于推进全国美术馆、公共图书馆、文化馆(站)免费开放工作的意见》以来,文化部要求全国所有公共图书馆在 2011 年年底全面实现无障碍、零门槛进入,公共空间设施场地全部免费开放,所提供的基本服务项目全部免费。数字图书馆作为公共图书馆建设的一部分,其资源的开放程度也随之增加。从上文数字图书馆服务调研结果可以看出,全国公共图书馆不论是外购数字资源还是自建数字资源都逐步走向开放。从所调研样本的 974 个外购数据库可以了解到(图 5 - 1),56% 的外购数据库支持读者认证 + 本地的模式来访问数字资源,这意味着本地读者只要是图书馆的认证用户,都可以无地域限制地免费访问当地数字图书馆的外购资源。而从公共图书馆自建数字资源使用方式(图 5 - 4)可以看出,404 个自建数据库中 71% 处于开放状态,接受读者的无偿使用。与此同时,获取资源的便利也体现在读者年平均到馆次数的反常上。省级及东部地区图书馆由于为当地读者提供远程、免费的数字资源,引导读者网上获取数字资源,相应地年平均到馆次数要低于市级及中、西部图书馆。并且,国家为完善公共文化服务体系,相继开展全国文化信息资源共享工程、数字图书馆推广工程等四大文化惠民工程,不但扩充了公共图书馆的资源保有量与服务能力,也极大繁荣了我国国民的文化生活。随着四大文化惠民工程建设的日益成熟,公共图书馆行业内部的融合也不断发展,图书馆间数字资源的广泛共享与深入合作,公共图书馆与军营等其他行业、系统的跨界合作,无一不表明现代图书馆数字资源的开放程度已有跨越性的发展。从上述材料看出,数字图书馆逐渐扩宽了读者服务范围,不再局限于本馆或者是付费使用数字资源。开放性数字资源的增加,印证了公共图书馆从传统服务向现代服务的转变。

5.4.2 数字图书馆服务方式个性化

为了能更好地发挥公共图书馆的服务精神、理念,数字图书馆除向普通读者提供服务外,还将服务体系延伸至特殊群体,有助于达成公共图书馆服务的全面化、人性化与个性化。诸如残疾人数字图书馆、少儿数字图书馆等特殊服务类型逐渐走进了我们的视线。根据上文的调研结果我们可以看到,在残疾人服务方面,中国盲人数字图书馆、中国残疾人数字图书馆等国家重点建设项目建成以来,已经为众多盲人读者进行数字资源的获取提供了诸多便利。在全国性无障碍图书馆发展的同时,各地公共图书馆也开始注重残疾人领域。例如贵州图书馆开展"听见爱——我为盲人读本书"活动、开设盲人阅览室、定制"全语音导航平台"等,不仅为盲人读者提供优质的服务,也让其与普通读者一样感受到知识带来的乐趣。在少儿网络服务方面(图5-12),随着国家、社会以及图书馆行业内部陆续重视未成年人的读者权益,62.7%的公共图书馆开始提供少儿服务,而在这部份提供少儿服务的图书馆中,有近34%的图书馆为少儿提供实体服务和网络服务,说明在网络快速发展的今天,多数公共图书馆已经认识到少儿网络服务的重要性,并积极承担少年儿童"第二课堂"的责任与义务。

5.4.3 数字图书馆服务手段多样化

信息技术高速发展的今天,各公共图书馆开始创新服务手段,先后启用新媒体服务作为现代读者服务的主力军,其中更以触摸屏、移动终端、数字电视、Web2.0 的服务为主。根据上文的调研数据,以Web2.0 为例,在对"微博"这种新型 Web2.0 的应用进行补充调查的结果来看,81 家公共图书馆已经开通了官方微博并经过认证。其中,东部地区公共图书馆开通微博数量遥遥领先,同时中西部、市级公共图书馆已经认识到"微博"这一 Web2.0 服务的重要性,并开始积极建设自己的"微博",为读者提供诸如新闻资讯、资源推介、活动预告等服务,大大提高了本馆的服务范围与能力。2012 年,绍兴、常州等地的数字电视服务系统正式开通运行;内蒙古自治区结合区域特色和民族特色,首创"马背数字图书馆";贵州省开展"百万公众网络学习工程"活动,在全省范围内全面共享优质资源与服务;各馆服务方式的创新不仅提高了公共图书馆的服务水平,也实现了读者对数字图书馆个性化的需求。

5.5　当前数字图书馆服务方面存在的问题

当前,文化与科技日益融合,数字技术、网络技术迅猛发展,互联网、智能移动终端等新兴媒体对文化传播与发展的影响日益显现,数字图书馆的发展已经势不可挡。信息技术的支撑,新技术的不断涌现为数字图书馆在软硬件平台、资源建设和服务方式拓展等方面提供了更多的可能性,以语义分析、大数据处理、云计算等技术为代表的新技术应用直接改变了数字图书馆的建设和服务方式。但是,随着搜索引擎、阅读门户和社交网站、移动终端服务等对用户的分流,数字图书馆服务也暴露出以下几个方面的问题。

5.5.1　数字图书馆服务发展不平衡

根据上述分析可以看出,无论是数字图书馆服务方式、服务渠道还是服务群体方面,我国不同地区、不同级别的图书馆差异较大。问题主要表现为:

(1)东部地区与中、西部地区发展不平衡。表现为东部地区优于中、西部地区。东部地区具有独特的经济及地理优势,在其省馆的带动下先进的理念及充足的资金得以充分运用,为读者提供多种常规服务与创新服务。对于中、西部地区来说,地区贫困人群较多,生活条件较差,对文化的需求较低;并且中、西部地区政府经费不足,其服务系统的发展情况相对较薄弱,为读者提供的服务覆盖率较低。但区域发展不平衡趋势明显,其建设与当地社会经济发展程度有直接联系。例如,提供少儿服务的图书馆主要集中在东部地区,这些地区的经济条件、服务意识及读者需求是促使少儿图书馆服务蓬勃发展的积极因素,而中、西部地区的发展环境相对较差,服务设施尚不完善,有待进一步加强。

(2)省级、副省级、市级图书馆之间发展不平衡。表现为省级图书馆普遍优于市级图书馆,省会城市图书馆普遍优于其他城市图书馆。省级图书馆由于经济发达,积极改善馆舍条件,进而优先实现了图书馆的服务自动化和多样化;而其他地区图书馆由于经费短缺、技术落后,其数字图书馆服务较为落后。

(3)同一地区内部图书馆发展不平衡。例如广东省的图书馆中广州、深圳图书馆表现出色。

5.5.2 数字资源开放程度差异较大

在数字资源开放程度上,东部地区图书馆明显高于中、西部图书馆,主要原因在于东部地区采取资源共享的方式来统一提升图书馆数字资源覆盖率。副省级与市级图书馆运用省级图书馆统一购买的数字资源辐射区县,整体形成了树状结构并完成了省内覆盖。从外购及自建数字资源的访问控制及使用方式来看,东部地区各图书馆更倾向于认证方式及开放使用。在自建数字资源方面,东部地区各图书馆积极传播本地优秀文化,建设多种自建数据库,为本地文化的进一步传播与传承做出了重大贡献。中、西部地区开放程度与东部地区形成了很大差异。在中、西部地区多数数据库只能在馆内访问,并且自建数据库数量较东部低。中、西部地区属于多民族地区,民族文化丰富,但是自建数据库的数量却低于东部地区。

据美国国会图书馆2011—2012年的调研数据,全国76.3%的图书馆拥有电子书资源,其中,美国国会图书馆仅有1.2%的数据库不提供服务,98.7%的数据库在本馆提供服务,98.7%提供远程服务;2010年加拿大图书馆平均拥有 36.2 个馆内访问数据库、82.8 个远程访问数据库;相比国外数据,不论是外购数据库还是自建数据库,我国数字资源的开放程度与美国等发达国家相差较大。

5.5.3 新媒体服务有待进一步发展

调研显示,触摸屏、移动终端、数字电视以及 Web2.0 技术等新媒体服务已经在图书馆开展使用,但是其覆盖面并不广泛。其中触摸屏、移动终端等服务在图书馆使用的较多,但是两者整体的覆盖率均没有达到50%,且不同地区和不同级别的图书馆使用覆盖率差异较大。对于数字电视这种新型的服务来说,图书馆使用率更为低下,全国提供这种服务的图书馆屈指可数。在 Web2.0 技术应用中,微博作为最时尚、热门的社交网络已经被图书馆所重视。但是开通官方微博的图书馆数量还很少,并存在一些问题,如微博粉丝数量少,普及度和影响力尚不够;公共馆的微博建设与维护不到位;动态性和活跃度不够等。这些调研结果均表明了,我国公共数字图书馆适应了信息环境发展和用户需求,开展了新媒体服务,但是其覆盖率和使用程度仍有待进一步发展。

5.5.4 针对不同服务群体开展的服务有待完善

在残疾人服务方面,调研显示目前国家的信息无障碍政策有待落实,部分公共数字图书馆为残疾人服务的意识有待加强,同时特殊资源建设和个性化服务也亟待重视。在少儿服务方面,我国公共图书馆的少儿服务总体发展态势良好,但网络服务有待加强,面向少儿的服务仍然以到馆实体服务为主,如开设少儿阅览室,组织少儿活动等。有些图书馆甚至没有网站,在网络上查不到任何信息,网络宣传和服务意识相对淡薄。少儿网络服务内容仅停留在提供新闻公告和新书推荐等基础信息阶段,服务内容较为单一,多为网页阅读。在线讲座、在线展览等现代互动性服务缺乏,个别图书馆虽然尝试使用了博客、微博等新技术开展互动交流,但适应少儿阅读习惯和学习特点的新媒体服务较为缺乏。少儿数字资源建设内容较为丰富,资源的开放程度较高,为少年儿童阅读和学习提供了极大方便。但各地资源分布不均匀,资源内容趋同化较为严重,造成资源的重复建设。

5.5.5　数字资源服务与知识产权发展有待平衡

数字图书馆的出现离不开文献资源数字化这一过程,而数字图书馆服务的主要保障在于对数字化信息、网络资源以及数据库等几方面的信息收集及再建,其建设过程必然无法回避知识产权的保护问题。数字图书馆作为公共文化服务的载体,在知识产权保护方面存在数字化版权等诸多挑战。无论是外购还是自建数据库,都存在仅限馆内访问使用或是付费、不公开的资源,其中部分数据库存在数据版权问题而不能为公众公开服务。以国家数字图书馆为例,国家图书馆虽然已经起草并实施了较为规范的版权授权协议,要求接受征集的单位或个人提供必须的版权授权证明与相关凭证,并针对自有版权、汇编作品及单本作品做了相关规定。但是多数资源还未取得著作权人或数据库厂商的公开授权,只有部分没有版权问题(例如碑帖、年画等)、进入公有领域作品及孤儿作品等才可以通过数字化处理后向公众开放。而我国制定的著作权法针对数字图书馆的管理还没有提出具体的法律规范,一定程度上缺乏指导性和实践性。因此直至今天,仍然无法通过法律条文来平衡图书馆、著作权人或数据库厂商、读者三者之间的利益关系。

参考文献

[1] 袁丽华.基于信息无障碍的我国公共图书馆残疾人服务研究[J].江西图书馆学刊,2012(5):58－61.
[2] 张炜,李春明.积极推进信息无障碍建设　人人共享公共文化服务——中国盲人数字图书馆网站介绍[J].图书馆建设,2009(9):65－67.

[3] 李春明,陈力,张炜.中国残疾人数字图书馆建设展望[J].图书馆建设,2010(11):16－18.

[4] 司莉,谭仪.Web2.0在我国省市级公共图书馆应用的调查与分析[J].图书馆杂志,2010(5):20－23.

[5] 王妙娅.国内图书馆微博应用现状及建议[J].图书馆学研究,2010(12):37－41.

[6] 张文彦,于洁.公共图书馆的微博新时代[J].情报科学,2012(11):1132－1137.

6　我国数字图书馆运行保障情况

数字图书馆是数字化、网络化、信息化环境下图书馆新的发展形态。数字图书馆的发展不是孤立的事物,国家大政方针对文化事业的支持,地方政府对公共图书馆建设重视程度,以及具体到数字图书馆的立项经费、基本运营经费、标准规范的制定、从业人员的情况等都是数字图书馆发展的基本保障。只有全社会支持数字图书馆的建设,数字图书馆才能取得快速而有效的发展,为服务社会做出应有的贡献。

6.1　数字图书馆发展政策环境

经济的平稳发展、人民生活水平的提高、社会建设的不断进步、信息技术的交叉汇聚和多点突破、图书馆事业融入全球一体化发展,这些都会给公共图书馆的发展带来机遇和挑战。只有营造出图书馆事业发展的良好外部环境,各级政府将文化建设纳入政府规划,公共图书馆事业才能迎来蓬勃发展,数字图书馆才能有更广阔的天地。

国家宏观政策扶持。近年来中央先后出台了一系列关于大力发展文化事业、加大公共文化服务力度的政策,为图书馆事业发展提供了良好的政策环境。其中,《中共中央关于深化文化体制改革推动社会主义文化大发展大繁荣若干重大问题的决定》(2011 年)更是明确提出要"完善国家数字图书馆建设";《国家"十二五"时期文化改革发展规划纲要》《国务院关于印发国家基本文化服务体系"十二五"规划的通知》《文化部"十二五"时期文化改革发展规划》《文化部、财政部关于进一步加强公共数字文化建设的指导意见》《文化部关于加快实施数字图书馆推广工程的意见》等一系列政策规划也对加强数字图书馆建设、加快实施数字图书馆推广工程提出了明确要求;《国务院关于促进信息消费扩大内需的若干意见》提出要加强基于互联网的新兴媒体建设,实施网络文化信息内容建设工程,推动优秀文化产品网络传播。《文化部信息化发展纲要》(2013—2020)提出要进一步推动公共数字文化惠民工程建设,加强数字文化内容产品和服务开发;一系列政策的出台为推动全国范围内数字图书馆建设起到了重要的政策保障。

公共图书馆免费等相关服务政策推出。2011 年 1 月,文化部、财政部下发了《关于推进全国美术馆、公共图书馆、文化馆(站)免费开放工作的意见》,并全面部署免费开放工作。此次免费开放,得到国家文化部的重视和中央财政经费的大力支持。2011 年,中央财政拨付公共图书馆、文化馆(站)免费开放经费约为 18.22 亿元。公共图书馆免费开放一年来,全国读者办证率平均提升近 30%。这些政策进一步拉近了图书馆服务与读者的距离。

数字图书馆相关工程立项。全国文化信息资源共享工程、数字图书馆推广工程和公共电子阅览室建设计划共同构成了文化部三大惠民工程,这三项工程相互配合,有利地推动了数字图书馆的发展。全国文化信息资源共享工程于 2002 年 4 月正式启动,采用现代信息技术,对全国现有各门类的文化信息资源进行数字化处理和加工整合,并通过覆盖全国的文化信息资源网络传送到城市社区、农村乡镇、边防哨所等广大基层单位,实现优秀文化信息资源在全国范围内的共建共享。2011 年 5 月,数字图书馆推广工程正式启动,在国家数字图书馆工程和各地数字图书馆建设已有成果的基础上,将各馆和各地已经建成的数字图书馆系统链接起来,搭建一个高度共享的平台,逐步形成覆盖全国的数字图书馆服务体系。公共电子阅览室建设计划是在全国文化信息资源共享工程、数字图书馆推广工程取得积极进展的基础上,文化部、财政部共同实施的又一重要工程,这一工程的实施,将推进公共电子阅览室的免费开放、设备升级和全社会共同参与建设公共电子阅览室。

各地政府纷纷启动数字图书馆建设。与此同时,各地政府高度重视,从 2012 年开始,天津、黑龙江、江苏、浙江、江西、山东、河南、贵州等多地相继将"数字图书馆建设"写入地方政府相关文件,纳入财政预算,将数字图书馆发展提到当地建设小康社会的全局高度,惠民工程与文化强省战略共同开展。全国各地公共图书馆新馆建设如火如荼,大批图书馆新馆建设开始启动或投入使用,许多数字图书馆建设与新馆建设同步启动或规划专项经费开展数字图书馆建设。

6.2 数字图书馆建设经费投入

数字图书馆建设涉及到软硬件平台、资源建设、用户服务、宣传推广等各个方面,在这个过程中,经费拨付显得尤为重要。传统图书馆在专项经费拨付方面已基本形成常规机制,但数字图书馆的专项经费拨付尚不广泛。一些数字图书馆成功立项之后,数字图书馆建设水平和服务能力很大程度上受运营经费的影响。此次调研中,数字图书馆立项情况、数字资源采购经费、文献数字化建设经费、硬件设备采购经费都计入数字图书馆年度基本运营经费中,故而分别对四项经费进行统计分析。

6.2.1 数字图书馆建设专项经费投入

数字图书馆建设是一项长期工作,需要在统筹规划、合理布局的基础上有条不紊地展开,立项工作在数字图书馆建设中尤为关键。更重要的是,一个图书馆有无数字图书馆立项,直接反映出该图书馆乃至该地区对数字图书馆建设的重视程度和投入力度,故我们在调研中设计了"数字图书馆立项情况"这一项,以调研数字图书馆的专项经费投入。

　　在数字图书馆建设的立项情况调研中,立项经费是重点。近年来,国家不断加大对公共图书馆的财政投入。2011年,各级财政对公共图书馆财政拨款达到75.6亿元,比2010年增加17.2亿元。各级财政对公共图书馆的投入占文化事业总投入的19.3%。"十五"期间,国家实施了县级"两馆"建设规划,中央财政安排4.8亿元,补助全国1086个县级公共图书馆和文化馆建设项目。在此大背景下,用于数字图书馆建设项目的专项经费的多少,直接影响着各地数字图书馆的建设规模与成效。

　　此次调研,在数字图书馆立项数量上,全国198家公共图书馆中,共有93家图书馆立项,占总数的47.0%。其中东部地区31家,占立项总数的33.3%;中部地区26家,占立项总数的28.0%;西部地区36家,占立项总数的38.7%。从立项时间上看,数字图书馆立项时间集中在2008年至2012年,可见此阶段为数字图书馆集中建设的时期,且经费来源多数为各级财政拨款。

　　省级数字图书馆建设的立项情况。在省级数字图书馆建设的立项情况方面,从2010年数据上可以看出,全国共有11家省级公共图书馆已经立项建设本区域数字图书馆,占调研总量的33.3%,数字图书馆资金投入额度已明确的为8家,总金额为38.1亿。从2012年数据上可以看出,全国共有17家省级公共图书馆已经立项建设本区域数字图书馆,占调研总量的51.5%,数字图书馆资金投入额度已明确的为16家,总金额为33.6亿元。

　　数字图书馆立项的数量在两次统计中出现了较大的增幅,2012年省级数字图书馆建设立项的数量较2011年增长了一倍,从金额上看,西部地区的数字图书馆建设的立项金额远远少于东部和中部地区。2010年调研数据中,湖北省计划投资11300万元建设中部一流的省级数字图书馆;山东省、四川省、吉林省数字图书馆投资规模相当,分别是6100万、6000万和6000万,其次是首都图书馆的5000万。2012年调研数据中,湖北省图书馆依然报送了1.13亿元的投资,其新馆已于2012年12月8日正式开馆,除此之外,南京图书馆投资4500万建设数字图书馆,广东省立中山图书馆的投资额达到4200万,其次是山西图书馆建设新馆的过程中规划的4140万,以上列举的是投资金额比较高的省级图书馆。

表6-1 2012年省级数字图书馆建设立项情况

区域	图书馆名称	立项金额(万元)	总计(万元)	投资平均值(万元)
东部	首都图书馆	1615	13641	2273.5
	广东省立中山图书馆	4200		
	南京图书馆	4500		
	辽宁省图书馆	450		
	天津图书馆	611		
	浙江图书馆	2265		
中部	山西省图书馆	4140	15590	5197
	安徽省图书馆	150		
	河北省图书馆	2350		
	湖北省图书馆	11300		
西部	广西壮族自治区图书馆	5	4369	728
	贵州省图书馆	2290		
	宁夏图书馆	1534		
	新疆自治区图书馆	未给出明确立项金额		
	新疆生产建设兵团文化中心	60		
	青海省图书馆	240		
	四川省图书馆	240		

表 6 – 2　2010 年省级数字图书馆建设立项情况

区域	名称	数字图书馆建设投资（万元）	总计（万元）	投资平均值（万元）
东部	首都图书馆	5000	11100	5550
	山东省图书馆	6100		
中部	河北省图书馆	无明确数据	20300	5075
	黑龙江省图书馆	2400		
	湖北省图书馆	11300		
	江西省图书馆	600		
	吉林省图书馆	6000		
西部	贵州省图书馆	730	6730	3365
	四川省图书馆	6000		
	重庆图书馆	无明确数据		
	广西壮族自治区桂林图书馆	无明确数据		

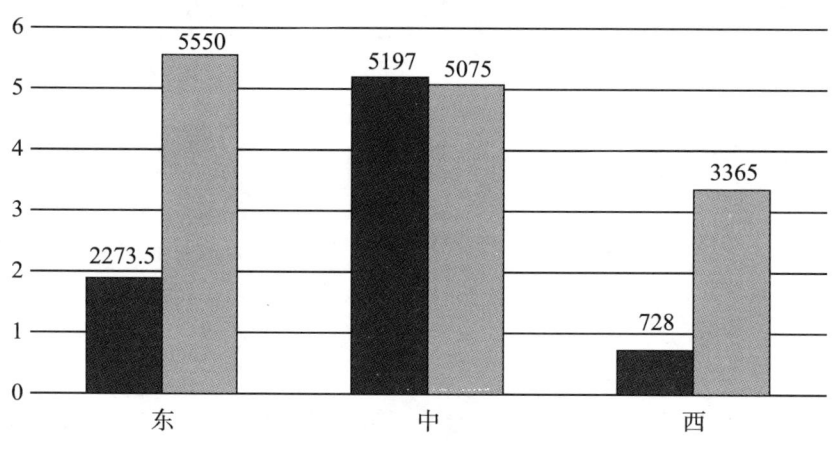

图 6 – 1　2012 年和 2010 年省级数字图书馆建设
立项投资平均值对比分析(单位:万元)

市级数字图书馆建设的立项情况。在立项数量上,165 家市级图书馆中有 76 家图书馆已有数字图书馆立项,占立项总数的 46.1%。

在数字图书馆建设的立项经费方面,市级图书馆平均立项金额为 270.9 万元,其中佛山市图书馆最高,为 1317 万元,其次是马鞍山市图书馆的 1200 万元,大连和成都图书馆的为 1000 万元。可见,市级图书馆的建设势头强劲,建设热情高涨(市级数字图书馆建设立项前 10 名的名单详见表 6-3)。

表 6-3　市级数字图书馆建设立项金额前 10 名

序号	名称	数字图书馆建设投资(万元)	备注
1	佛山市图书馆	1317	
2	马鞍山图书馆	1200	
3	大连市图书馆	1000	
4	成都图书馆	1000	
5	长春市图书馆	750	
6	长治市图书馆	555	
7	嘉兴市图书馆	400	
8	许昌市图书馆	357	
9	泰达图书馆档案馆	300	
10	嘉峪关市图书馆	300	并列第 9 名
11	珠海市图书馆	300	

2010 年调研数据中,由于市级图书馆方面,仅涵盖副省级图书馆的调研数据,因此,仅抽取副省级图书馆的数据进行对比分析。2010 年,副省级图书馆立项数量为 1 家,占副省级图书馆的 6.7%;2012 年,副省级图书馆立项数量为 8 家,占副省级图书馆的 53.3%,分别为东部 3 家,中部 3 家,西部 2 家,副省级图书馆的数字图书馆建设立项出现了较大幅度的增长。

表6-4　2012年和2010年副省级数字图书馆建设立项情况

2012年调研数据		
区域	名称	数字图书馆建设投资(万元)
东部	金陵图书馆	50
	宁波市图书馆	100
	大连市图书馆	1000
中部	哈尔滨市图书馆	75000
	长沙市图书馆	150000
	长春市图书馆	750000
西部	成都图书馆	1000
	昆明市图书馆	未提供明确数据
2010年数据		
区域	名称	数字图书馆建设投资(万元)
东部	金陵图书馆	3000

6.2.2　数字资源年度采购经费

数字资源采购是数字图书馆资源建设的一个重要方面,由于数字图书馆便捷和专业的服务,使得大部分图书馆都以数字资源采购的模式充实自己的数字馆藏。近年来,数据库商的资源提供价格不断上涨,数字资源采购经费在图书馆采购经费中所占的比例不断攀升,采购的方式也越来越多样化,比如图书馆联盟采购、单个图书馆采购和国家采购等,多种采购方式有利于降低采购成本,使得图书馆能够获得更多的外购资源用于读者服务。对数字资源年度采购经费的调研正是为了了解各馆在外购数字资源方面获得经费支持的情况。

此次调研的198家图书馆中,设立数字资源年度采购经费的图书馆为124家,经费总额为1095万元,数字资源采购的经费平均值为88.34万元。

按照地区分析。不同地区用于数字资源采购的经费额度存在显著差异,东部地区平均拨付金额为 149.8 万元,最高的是南京图书馆的 989 万元;中部地区平均拨付金额为 43.6 万元,最高的是长春图书馆 132 万元;西部地区平均拨付金额为 67.5 万元,最高的是成都图书馆的 120 万元。东部地区 100 万元以上的拨付比例为 45.7%,中部和西部地区该比例为 18.8%、11.9%。东部地区的拨付金额明显高于中、西部地区。

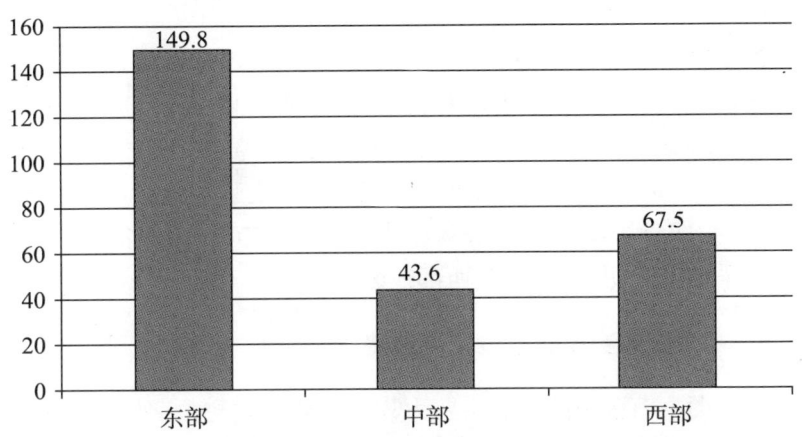

图 6-2   数字资源年度采购经费平均值东中西部比较(单位:万元)

按照省市级分析。省级图书馆平均拨付金额为 296.7 万元;市级图书馆平均拨付金额为 46.4 万元,省级图书馆比市级图书馆高出 6 倍有余。省级图书馆中金额最多的是南京图书馆的 989 万元,其次是广东省立中山图书馆的 800 万元、辽宁省图书馆的 550 万元和首都图书馆的 400 万元。市级图书馆中金额最多的是天津泰达图书馆档案馆的 300 万元、其次是杭州图书馆的 300 万元,深圳图书馆的 240 万元和广州图书馆的 224 万元。欠发达地区的地市级图书馆有待进一步增加数字资源采购经费,以便不断丰富本馆的数字资源。

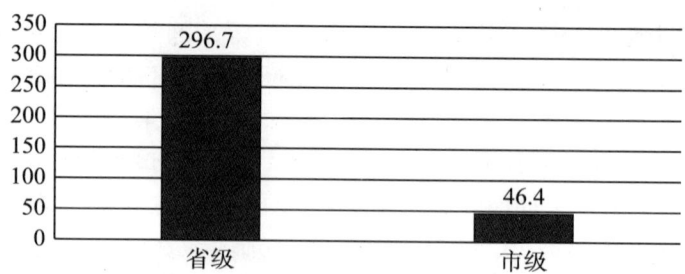

图6-3　数字资源年度采购经费省市级比较(单位:万元)

数字资源年度采购经费主要用于数字资源建设等方面。结合第四章的内容,省级图书馆平均每馆外购数据库15.4个,市级图书馆6.6个;东部地区平均每个图书馆外购数据库13.4个,中部地区5.6个,西部地区5.1个。这一结果与数字资源年度采购经费的调研结果基本吻合,即省级图书馆的采购经费明显多于市级图书馆;东部地区的年度采购经费明显高于中、西部地区。

6.2.3　文献数字化建设年度经费

数字图书馆资源的来源主要为数字资源自建与数字资源采购,同时文献数字化建设也是数字图书馆资源来源的另一重要方面。文献数字化建设经费主要用于自建数字资源的建设与维护,而自建数字资源往往能够集中展示图书馆所在地区的特有文化或民族风情,是各级各类图书馆彰显特色、打造品牌的主要阵地,也是对本地区文化进行系统研究的主要资源库。通过各馆自建资源的开发,有利于对馆藏资源的长期保护并满足用户对资源的个性化需求,同时,通过馆际间自建资源的交换和互访,有效丰富了数字资源的种类,避免资源重复建设和盲目采购,也能够培养一批掌握数字图书馆核心技术的优秀人才。因此,有必要对各馆的文献数字化建设经费投入情况进行调研。

本次调研中,共有61家图书馆获得了文献数字化建设年度经费,经费总额3857.5万元,平均每馆63.2万元。

通过下图可以看出,东部地区平均立项金额为 68.1 万元,中部地区平均立项金额为 54.2 万元;西部地区平均立项金额 75.4 万元。东部地区 100 万元以上的拨付比例为 10.5%,中部和西部地区该比例为 15.4%、31.3%。文献数字化建设的经费西部地区略高于东、中部。按照省市级比较,省级图书馆平均拨付金额为 181.1 万元;市级图书馆平均立项金额为 19.4 万元。此外,省级图书馆的建设经费明显多于地市级图书馆。

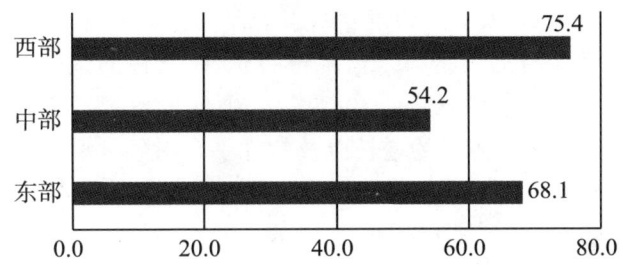

图 6-4 文献数字化建设年度经费东中西部比较(单位:万元)

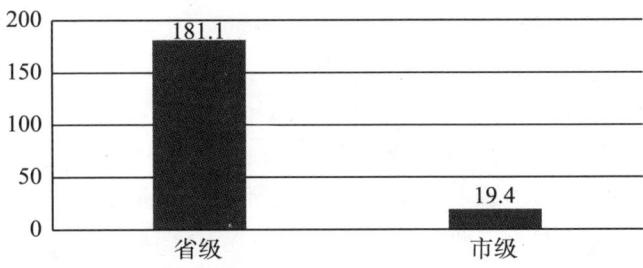

图 6-5 文献数字化建设年度经费省市级比较(单位:万元)

结合第四章中关于自建资源的数据,省级图书馆中平均每省自建特色数据库 7.5 个,市级馆 3.1 个;东部地区图书馆平均每馆建设 5.8 个数据库,中部地区 3 个,西部地区 3.1 个。虽然西部地区在自建资源建设上经费投入水平略高于东、中部,但是从建设成果上看,西部地区的建设成果未高于东、中部。由此可见,自建资源的建设除了跟经费有关之外,还与图书馆在相关方面的技术和人才积累等多种因素有关,需整体提升自建资源的相关建设因素,才能实现自建资源的较快发展。

6.2.4 硬件设备年度采购经费

硬件设备的配备是实现数字图书馆的基础条件,数字图书馆的硬件设备主要包括数字图书馆操作系统、资源处理、与服务提供直接相关的硬件设备,如:数字图书馆专用服务器和存储设备等。因此,在调研中,对硬件设备的资金投入情况进行统计,统计的数据不包括普通办公电器、照明设备、一般办公家具等。硬件设备的投资并非一劳永逸的,应随着数字资源量的增长以及软件平台对硬件要求的提高而更新,故在调研中将硬件设备年度采购经费的作为调研项目。

在此次调研的全部 198 家图书馆中,设立硬件设备年度采购经费的图书馆为 89 家,经费总额为 4918.8 万元,平均硬件设备年度采购经费为 55.3 万元。

按照地区分析。东部地区平均拨付金额为 76.5 万元,最高的为浙江省图书馆的 550 万元,其次为厦门市图书馆的 355 万元和北京市东城区图书馆的 252 万元;中部地区平均拨款金额为 37.1 万元,拨款最高的额度为 150 万元(湖北省图书馆、吉林省图书馆、太原市图书馆);西部地区平均拨付金额为 46.8 万元,最高的为嘉峪关市图书馆的 300 万元,其次为广西壮族自治区图书馆的 164.7 万元和普洱市图书馆的 150 万元。东部地区 100 万元以上的拨付比例为 20.7%,中部和西部地区该比例均为 16.7%。东部地区的建设经费明显优于中、西部地区。

按照省市级分析。省级图书馆平均拨付金额为 112.5 万,其中最高值为浙江省图书馆 550 万元,其次为广西壮族自治区图书馆的 164.7 万元和湖北省、吉林省图书馆的 150 万元;市级图书馆平均立项金额为 40.5 万元,其中最高值为厦门市图书馆的 355 万元,其次为嘉峪关市图书馆的 300 万元和北京市东城区图书馆的 252 万元。

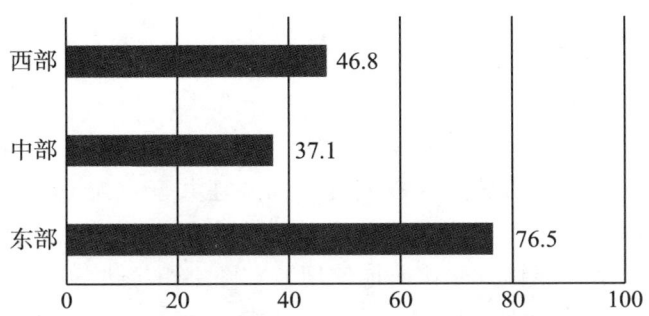

图 6-6 硬件设备年度采购经费东中西部比较(单位:万元)

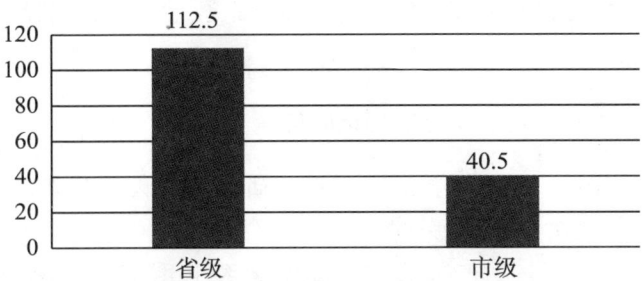

图 6-7 硬件设备年度采购经费省市级比较(单位:万元)

结合第三章中有关数字图书馆硬件设施的内容我们发现,硬件设施采购经费的调研结果与不同地区和级别图书馆已有的数字图书馆硬件设施情况基本吻合,即东部地区在机房环境、网络环境、服务器与存储设备、数字资源生产设备、开展数字图书馆服务的设备等方面大都优于中、西部地区,省级图书馆相较于地市级图书馆则具有更大的优势。这说明,经费投入越多,与之相应的设施配备与使用情况就越好。因此,经费在数字图书馆建设中的作用至关重要。

6.3 数字图书馆标准规范

数字图书馆是对数字资源进行组织、描述、加工、服务和保存的有机系统,其最终目的是实现数字资源的共建共享。为了实现这一目标,必须建立和遵循贯穿数字资源整个生命周期的一系列标准和规范,以保证用户能够方便快捷地使用数字图书馆提供的资源和服务,保证资源和服务在不同应用系统上的兼容性和互操作性,保证数字图书馆能够在技术快速发展的环境下实现可持续发展。因此,标准规范是数字图书馆发展的基石,标准规范建设是数字图书馆建设顺利进行的重要保障。

6.3.1 数字图书馆标准规范研究情况

相较于国外,我国对数字图书馆的研究与建设起步较晚,但图书馆界已经认识到标准和规范在数字图书馆建设与发展中的重要意义。2002 年 10 月,科技部启动《我国数字图书馆标准与规范建设》(CDLS)项目,该项目主要针对数字图书馆系统的数字资源建设与服务,制定我国数字图书馆标准规范发展战略与标准规范框架,制定数字图书馆核心标准规范体系,建立数字图书馆标准规范开放建设与开放应用机制,促进我国数字图书馆的快速、经济和可持续发展。目前,该项目已经进入第二期,有关成果也正在陆续发布。

另外,2004 年 10 月发布的中国高等教育文献保障系统(CALIS)也是非常重要的标准规范研究项目,并且已经在 CALIS 系统中有所应用。除此之外,中国数字图书馆工程、中国科学院国家数字图书馆项目、上海数字图书馆的元数据标准和清华大学的 EMANI 等项目也在同一时期启动,国内数字图书馆标准规范的研究在国家层面受到了高度的重视。

6.3.2　数字图书馆标准规范建设情况

在公共图书馆的数字图书馆标准规范建设方面,目前影响最大的有国家数字图书馆标准规范建设和数字图书馆推广工程标准规范建设。

(1)国家数字图书馆标准规范建设

"国家图书馆二期工程暨国家数字图书馆工程"是国家"十五"重点文化建设项目,由国家图书馆主持建设,其建设内容主要包括硬件基础平台、数字图书馆应用系统和数字图书馆标准规范体系。国家数字图书馆工程自 2005 年开始建设以来,始终坚持"标准先行"的原则,并且采取竞争性谈判的方式向社会各界尤其是文献信息机构发出广泛参与标准规范研制的邀请。根据建设需要,该工程先后制定了 30 余项数字图书馆标准规范,内容涵盖数字资源的组织、加工、描述、服务、保存等多个环节,目前已有 17 项标准公开出版。与其他系统标准规范成果相比,国家数字图书馆工程的标准规范成果具有实用性、可操作性和指导性的特点,每一项标准规范均紧密结合国家图书馆的业务实际,配套的标准规范应用指南,详细说明了该标准如何在业务流程中使用,建设成果正在陆续出版中。国家数字图书馆工程已有标准成果和标准应用指南可以供各馆建设数字图书馆时参考采用。

(2)数字图书馆推广工程标准规范体系

2011 年 5 月,文化部、财政部联合发文,决定于"十二五"期间在全国范围内实施"数字图书馆推广工程"。推广工程在国家数字图书馆已经形成的标准规范基础上,借鉴各级各类图书馆已有的成熟标准规范成果,结合推广工程的实际需要,建立较为完善的数字图书馆推广工程标准规范体系,研制一批适用的标准规范,并指导各地制定相应的标准应用指南,以实际指导数字图书馆推广工程的资源建设、资源服务及软硬件平台搭建,保证数字图书馆推广工程建设的标准化、规范化。在此基础上,争取形成一批数字图书馆相关国家标准和行业标准。

数字图书馆推广工程标准规范建设遵循一系列原则,即标准规范先行原则,成熟标准优先原则,联合、开放、公开原则,核心建设原则,注重应用原则和大馆建设中小馆应用原则。围绕数字资源的生命周期,该工程将标准规范的建设体系划分为数字内容创建、数字对象描述、数字资源组织管理、数字资源服务、数字资源长期保存五个环节。数字图书馆推广工程标准规范的工程实践和培训,成为标准规范推行的一个非常重要的渠道。

2011年,在国家数字图书馆工程已经完成的标准规范基础上,根据数字图书馆推广工程的实际需求,全国图书馆标准化技术委员会从国家数字图书馆标准规范中选择了17项较为成熟的标准规范,后因其中1项与国家标准项目重复而撤销,其余16项申报立项为文化部行业标准制修订项目。由几十个公共图书馆、高校图书馆、科研院所图书馆共同组成17个标准编写组,结合数字图书馆推广工程建设的需要,对国家数字图书馆工程相关标准规范成果进行了修订,经广泛听取业界专家意见,将陆续作为行业标准出台,供推广工程建设使用。

6.3.3 数字图书馆标准规范应用及需求

在面向198家公共图书馆进行的数字图书馆建设情况问卷调研中,我们在标准规范部分设置了"各馆标准规范使用情况"和"各馆标准规范期望使用情况"两个问题。各馆目前的标准规范使用情况可以反映地方馆对标准规范的重视程度,从而反映本地数字图书馆建设的规范度和科学性,以及在今后应用中能否保证与其他数字图书馆系统实现互连互通与数据共享;各馆期望使用标准规范的情况,可以反映各馆在未来的数字图书馆建设过程中,对标准规范的预期使用情况。关于标准规范的内容与范围,我们根据数字资源生命周期并结合现有标准规范的建设重点划分为汉字处理规范、唯一标识符规范、对象数据规范、元数据规范、资源统计规范、知识组织规范和长期保存规范。

　　然而,在对反馈的问卷进行分析后我们发现,调研情况并不理想,大部分图书馆标准规范部分的数据缺失比较严重,只有非常少的地方图书馆涉及了标准规范的问题(详见表6-5),其中东部地区的应用情况略好于中部和西部地区的应用情况,省级图书馆的应用情况好于市级图书馆的应用情况。由此可见,目前大部分地方图书馆缺少能够有效使用的标准规范,且对标准规范建设与应用的重要性认识不足,不能在数字图书馆规划的过程中同步考虑标准规范体系的建立和应用,一定程度上影响了数字图书馆的开放性和互操作性。

表6-5　不同地区图书馆标准规范使用情况一览表

	汉字处理规范	唯一标识符规范	对象数据规范	元数据规范	知识组织规范	资源统计规范	长期保存规范	共计(家)
东	2	2	9	14	2	4	3	36
中	1	2	0	1	0	1	2	7
西	1	4	2	7	0	2	3	19
总计	4	8	11	22	2	7	8	

表6-6　省市级图书馆标准规范使用情况一览表

	汉字处理规范	唯一标识符规范	对象数据规范	元数据规范	知识组织规范	资源统计规范	长期保存规范	共计(家)
省级	1	2	7	11	1	3	2	27
市级	7	11	9	19	2	6	10	64
总计	8	13	16	30	2	9	12	

　　同时我们也注意到,随着近年来一些有影响力的标准规范项目研究成果的陆续发布和推广工程等重大工程的推动,各馆逐渐意识到为了保证各类型资源的共建共享以及分布式系统平台的整合交互,最终为公众提供方便快捷的数字图书馆服务,标准规范的应用可谓必不可少。根据调研显示(见下表6-7、表6-8),各馆对各项核心标准规范

均有迫切需求,对各个标准规范的需求程度相差不大,结合上面分析的各馆应用情况,可见虽然大家对标准规范认识不够,但是均表示了迫切希望了解并应用的意图,这将有利于今后标准规范的推广。

表6-7　不同地区图书馆标准规范期望使用情况一览表

	汉字处理规范	唯一标识符规范	对象数据规范	元数据规范	知识组织规范	资源统计规范	长期保存规范	共计(家)
东	25	30	27	28	26	30	27	193
中	19	21	16	19	17	18	16	126
西	29	32	27	34	22	29	30	203
总计	73	83	70	81	65	77	73	

表6-8　省市级图书馆标准规范期望使用情况一览表

	汉字处理规范	唯一标识符规范	对象数据规范	元数据规范	知识组织规范	资源统计规范	长期保存规范	共计(家)
省级	14	17	16	17	16	16	17	113
市级	66	76	62	77	59	25	29	394
总计	80	93	78	94	75	41	46	

6.4　数字图书馆从业人员

人才是数字图书馆建设的基础,是事业长期发展的根本保证,投入数字图书馆建设工作的人员数量一定程度上反映了数字图书馆在各地受重视的程度。本书中,数字图书馆从业人员指的是从事与系统/网络、数字资源建设、数字图书馆服务、数字图书馆管理相关工作的人员。图书情报专业和信息技术专业人才的比率也显示专业学科背景这一影响图书馆建设的重要因素在各地图书馆的实际情况,图书情报专业指图书馆学、情报学和档案学 3 个相关专业;信息技术专业指计算机、网络通信、信息管理的相关专业。同时,在调研问卷中,设计图书情报专业和信息技术专业这两个方面填报,也对应于各地设立数字资源建设部门和信息技术服务部门的趋势。

6.4.1 数字图书馆从业人员在全部工作人员中的比率

近几年来,全国公共图书馆从业人员数量稳中有升。2011 年,全国公共图书馆共有从业人员 54 475 人,比 2010 年增加 911 人,平均每个公共图书馆 18.5 人。2012 年,全国公共图书馆共有从业人员 54 997,比 2011 年增加 522 人。到 2013 年,在我们调研的 198 家图书馆中,总人数的有效样本值为 197 家,从业人员共 16 752 人,平均每馆 85 人。这一数据之所以比 2011 年平均每个公共图书馆 18.5 人高出许多,主要是因为此次调研的是省、市图书馆,这类馆的发展情况比县、乡、村普遍要好,一定程度上拉高了其从业人员的平均值。其中,数字图书馆从业人员包含从事与系统/网络、数字资源建设、数字图书馆服务、数字图书馆管理相关工作的人员。此次调研中,有数字图书馆从业人员统计数字的 174 家,共有相关从业人员 2543 人,平均人数为 15 人。从平均人数上看,数字图书馆从业人员占全部从业人员的 17.7%。

按照区域分析。东部地区数字图书馆从业人员总人数为 961 人,平均人数为 17 人。其中,数字图书馆从业人员占本图书馆总人数比率最多的是山东图书馆的 26.7%;数字图书馆从业人数最多的是南京图书馆,有 86 人。中部地区数字图书馆从业人员共 415 人,平均人数为 8 人,数字图书馆从业人员占总人数比率最多的是安徽省图书馆的 18.63%;数字图书馆从业人数最多的是山西省图书馆,有 34 人。西部地区数字图书馆从业人员共 1167 人,平均人数为 19 人。数字图书馆从业人员占总人数比率最多的是甘肃省图书馆的 16.9%;数字图书馆从业人数最多的是甘肃省图书馆,有 40 人。

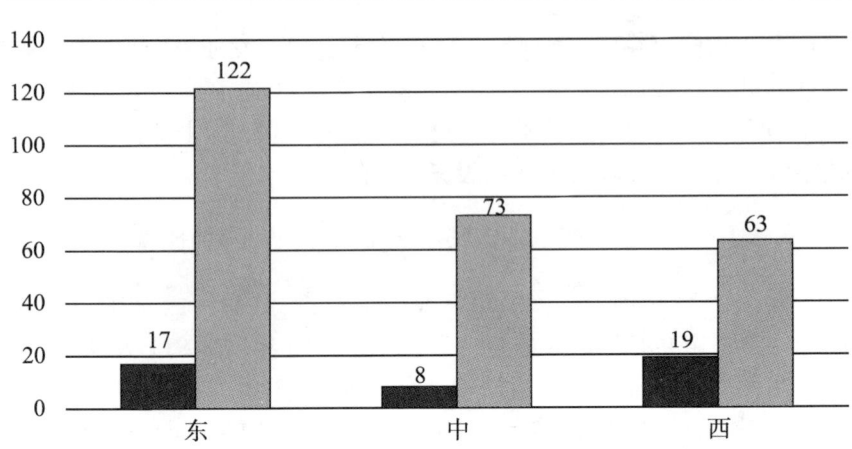

图6-8　数字图书馆从业人员平均数和图书馆
总人数的平均数区域比较(单位:人)

由此可见,东部地区图书馆人员总体规模远远超过中部和西部地区,西部地区数字图书馆从业的平均人数最高,东部与之接近,但是中部地区数字图书馆从业的平均人数远远低于东、西部地区。

按照省市级图书馆分析。此次调研中,共有29家省级图书馆提供有效样本,调研得出数字图书馆从业人员总数为1204人,省级数字图书馆从业人员的平均人数为42人,占总人数的平均比率为12.7%,其中比率最高的前5名是:山东省图书馆26.7%,广西壮族自治区桂林图书馆19.8%,安徽省图书馆18.6%,海南省图书馆17.6%,浙江图书馆16.8%。总人数最多的省级图书馆是南京图书馆,共有数字图书馆从业人员86人。在市级图书馆方面,共有142家图书馆提供有效样本,数字图书馆从业人数共1326人,从业人员的平均人数为9人。市级图书馆的平均比率为11.6%,其中比率最多的5家是:北京市怀柔区图书馆27.3%,玉林市图书馆26.3%,呼和浩特市图书馆26%,海口市图书馆20%,周口市图书馆20%。总人数最多的市级图书馆是湖州市图书馆,共有数字图书馆从业人员57人。由此可见,省级数字图书馆的从业人员在全部工作人员中的比率高于市级图书馆。

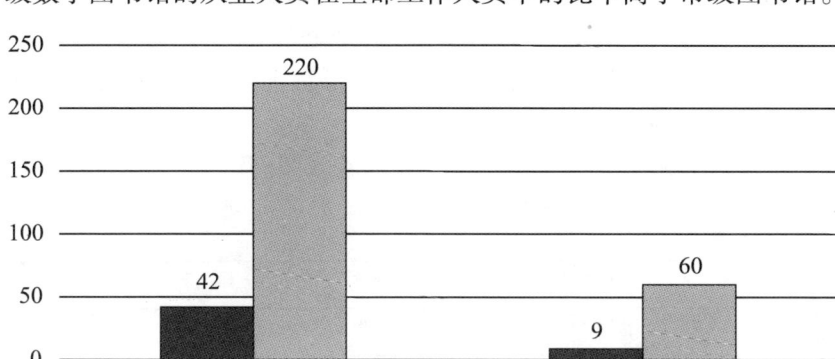

图6-9 数字图书馆从业人员平均数和图书馆
总人数的平均数省市级比较(单位:人)

6.4.2 图书情报专业和信息技术专业在全部工作人员中的比率

图书情报专业和信息技术专业是数字图书馆建设相关度最高的专业,也是数字图书馆建设的有生力量,各地图书馆在人才招聘中,非常注重对这两个专业的招聘。此次调研中,提供图书情报专业人数有效样本的图书馆共152家,图书情报专业从业人员共计3545人,平均每馆23人;提供信息技术专业人数有效样本的图书馆共143家,信息技术专业从业人员共1163人,平均每馆8人。统计数据显示,图书情报和计算机技术专业的人员占全馆馆员总数的比例省市级基本都在30%左右。

按照区域分析。东部地区提供图书情报专业人数的有48家图书馆,共1432人,平均每馆30人;提供信息技术专业人数的有46家图书馆,共594人,平均每馆13人。中部地区提供图书情报专业人数的有48家图书馆,共1121人,平均每馆23人;提供信息技术专业人数的图书馆有42家,共266人,平均每馆6人。西部地区提供图书情报专业人数的图书馆有 56 家,共 992 人,平均每馆 18 人;提供信息技术专业人数的图书馆有 55 家,共 303 人,平均每馆 6 人。

从区域比较的情况可以看出,图书情报专业在东、中、西部地区的从业人员远远高于信息技术专业,东部地区这 2 个专业的平均人数都高于中、西部地区,说明图书情报专业在各级图书馆中配备人员较多,同时专业人员的配备情况与地区经济发展水平有较大关系。

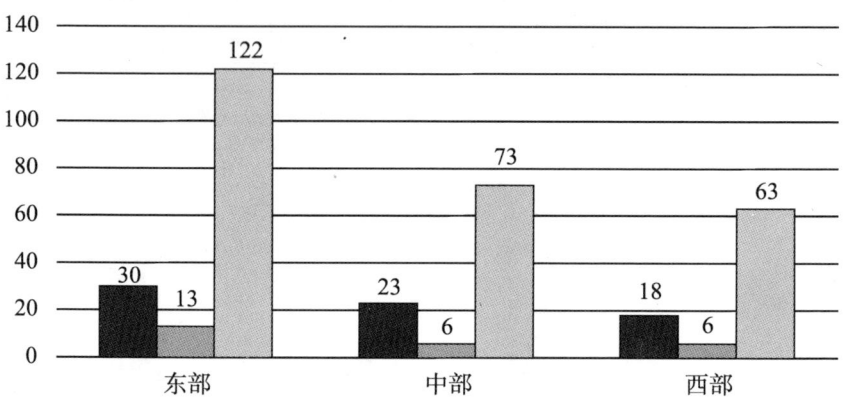

图 6-10 图书馆情报专业和信息技术专业人数按照区域比较(单位:人)

按照省市级图书馆分析。省级图书馆中提供图书情报专业人数的有 29 家,共 1657 人,平均每馆 57 人;提供信息技术专业人数的图书馆共 28 家,共 475 人,平均每馆 8 人。市级图书馆中提供图书情报专业人数的有 123 家,共 1888 人,平均每馆 15 人;提供信息技术专业人数的图书馆共 115 家,共 688 人,平均每馆 6 人。

从省市比较可以看出,省级图书馆情报专业人数远远大于市级图书馆,信息技术专业人数省市级图书馆差别不大,省级图书馆的人员专业背景好于市级图书馆,市级图书馆还应加强对于图书情报专业人员的招聘和培养。

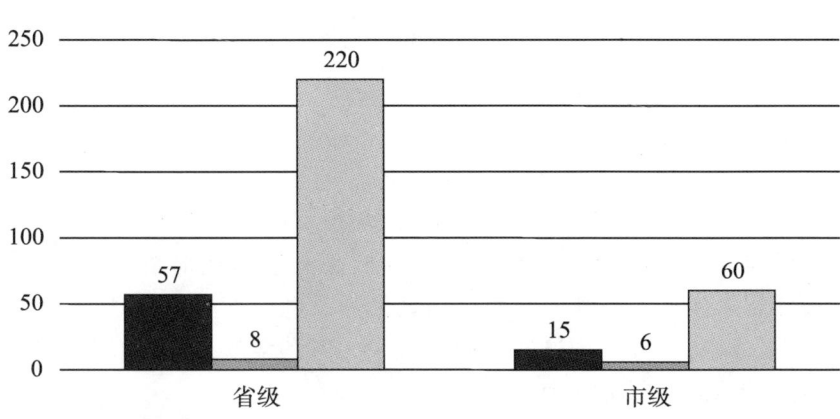

图6-11　图书馆情报专业和信息技术专业人数按照省市级比较(单位:人)

6.5　数字图书馆版权保护

数字图书馆自产生以来就与知识产权有着密不可分的关系。在传统图书馆时代,文献资源收集来源主要是购买和接受捐赠或缴送,其知识信息载体以纸质书刊资料为主,图书馆用户一般也仅限于本馆读者,因而其传播使用引发的知识产权纠纷相对并不严重。但是进入数字图书馆时代,知识产权信息采集使用和传播以及用户群的可控范围都发生了本质的变化,馆藏信息采集、生产和信息传播的范围无限外延,使数字图书馆的侵权风险大大增加,因此知识产权已经成为数字图书馆建设与日常运行中一个不容忽视的问题。如何平衡知识传播与知识产权保护之间的关系,既维护著作权人的法定权利又拓宽公众获取知识的途径,成为数字图书馆学界和业界面临的严峻考验。

然而我们也应看到,虽然我国数字图书馆在知识产权保护方面还存在很多困惑,知识产权问题在一定程度上还制约着数字图书馆的发

165

展,但是图书馆界始终在进行着积极的探索,并且已经提出了一些解决知识产权问题的有效方案。

6.5.1 寻求法律保护

在现有的法律体系中,与图书馆知识产权问题相关的法律法规主要有《著作权法》《著作权法实施条例》《信息网络传播权保护条例》《著作权集体管理条例》和《政府信息公开条例》等。在数字图书馆建设与服务中,充分利用这些法律法规中的有利条款,可以为相关工作的开展提供强有力的法律保障。

（1）善用合理使用制度

合理使用制度是著作权法规定的对著作权人专有权利的法律限制,其目的是为了平衡作者与社会大众之间的利益,进而推动社会文化发展。"合理使用"是指在特定条件下允许他人不经著作权人同意、不向其支付报酬而使用其作品的法律制度。我国《著作权法》第二十二条:"图书馆、档案馆、纪念馆、博物馆、美术馆等为陈列或者保存版本的需要,复制本馆收藏的作品","可以不经著作权人许可,不向其支付报酬,但应当指明作者姓名、作品名称,并且不得侵犯著作权人依照本法享有的其他权利。"此外,《信息网络传播权保护条例》第七条规定,"图书馆、档案馆、纪念馆、博物馆、美术馆等可以不经著作权人许可,通过信息网络向本馆馆舍内服务对象提供本馆收藏的合法出版的数字作品和依法为陈列或者保存版本的需要以数字化形式复制的作品,不向其支付报酬,但不得直接或者间接获得经济利益。当事人另有约定的除外。前款规定的为陈列或者保存版本需要以数字化形式复制的作品,应当是已经损毁或者濒临损毁、丢失或者失窃,或者其存储格式已经过时,并且在市场上无法购买或者只能以明显高于标定的价格购买的作品。"

虽然"合理使用"的原则在数字图书馆建设中具有局限性,但是公共图书馆开展数字图书馆建设,依据"合理使用"的原则,使之成为数字图书馆建设的法律依据。例如,依据《信息网络传播权保护条例》第七条的规定,国家图书馆于 2008 年"对尚处于版权保护期但同时符合上述条件的部分馆藏文献,例如老化酸化严重、濒临损毁的民国图书和期刊等进行了数字化复制,并陆续建成民国图书、民国期刊等专题数据库,提供到馆读者服务"。

(2)利用已过权利保护期限的作品

著作权法对不同种类的作品规定了相应的权利保护期限。例如,《著作权法》规定,公民作品的权利保护期为作者终生及其死亡后五十年,法人或其他组织作品的保护期为作品首次发表后五十年。超过权利保护期限的作品将进入公有领域,除署名权、修改权和保护作品完整权等著作人身权利外,其他财产性权利均不受法律保护。对于这些作品,数字图书馆可以进行复制、汇编等开发利用。比如:国家图书馆对已经完全进入公有领域的古籍文献,进行了数字化加工,形成了古典典籍数据库并于 2008 年 8 月启动了"国家图书馆公有领域图书目录征集项目",该项目目前已筛选完成 10 万余条公有领域图书目录,这些目录正在进行数字化加工,即将为读者提供服务。

(3)开发不受著作权法保护的作品

我国《著作权法》第五条规定了不受该法保护的资源,包括:一、法律、法规,国家机关的决议、决定、命令和其他具有立法、行政、司法性质的文件,及其官方正式译文;二、时事新闻;三、历法、通用数表、通用表格和公式。对于这些不受著作权法保护的作品,数字图书馆有权进行复制、加工、改编等,为用户提供服务。比如:数字图书馆推广工程开展了"中国政府公开信息整合服务平台"的建设,该平台目前已覆盖33 个省,与各省市图书馆开展联合共建,已建设 42 家分站,这不仅对图书馆提供政府信息查询服务起到了积极的促进作用,也为图书馆开发不受著作权法保护的作品进行了有益的尝试。

6.5.2　发布业界指南

法律法规对知识产权相关问题的规定一般是原则性的,并非专门针对数字图书馆建设,缺乏具体的操作性。相比之下,由数字图书馆界依据现有法律和政策制定的业务指南则更具有针对性,能够切实指导业界解决数字图书馆建设与运行中的知识产权问题。

2010 年 7 月,由全国数字图书馆建设与服务联席会议制定、文化部社会文化司批准的《数字图书馆资源建设和服务中的知识产权保护政策指南》正式发布。该《指南》紧密结合图书馆的实际工作,总结现有法律体系中与数字图书馆发展密切相关的法条,并根据不同的情况列举数字图书馆知识产权保护工作实践中的具体操作步骤,以期解决实际问题。该《指南》虽然仅适用于文化共享工程,但对全国数字图书馆建设与服务工作均具有指导和借鉴意义。

6.5.3　利用相关技术手段进行访问控制

在数字版权立法尚不完善的情况下,利用技术手段进行保护是目前图书馆界广泛采用的做法,以有效地防止无权访问和非法使用,主要有:权限限制,用户权限管理,限制无权访问者非法访问并获取信息;利用数字水印技术对数字作品加入特制密码,使用户只能阅览,不能复制;在网络传输过程中利用加密和数字签名技术,保护在传输中的信息安全;使用认证技术,建立起用户和作者之间的信任关系。除了这些技术控制之外,如果不愿意自己著作被上网公开的著作权人可申请将其作品从网站中删除,也是一种软技术手段的控制方法。比如,国家图书馆发布与服务系统利用权限管理机制,首先对馆内外用户进行权限区分,同时在资源访问过程中,对非公有领域或无版权资源限制访问,以保障版权所有者的权益。对在线发布资源做加水印处理,并通过技术手段使用户只能阅览不能下载利用。

6.5.4　利用多种途径获得知识产权授权

除了约定授权和法定授权之外,图书馆充分利用多种途径获得知识产权的授权,购买商业数据库获得使用授权是解决版权问题的一种主要途径。对于既未进入公有领域也没有成熟商用数据库的资源,可以开展定向征集版权。这种征集可以逐一征集,也可以委托版权代理机构代为征集或通过版权捐赠的方式征集版权。版权捐赠的方式可以和著作权人达成无偿获得版权或者使用许可的协议。通过著作权集体管理组织解决版权授权,积极与中国音乐著作权协会、中国文字著作权协会、中国音像著作权集体管理协会等机构联系,争取解决一部分作品的版权授权。积极利用开放获取的资源(即 Open Access,简称 OA),形成开放获取资源库,使学术成果得以快速的传播。比如:国家图书馆利用开源软件建立了"中国图书馆情报学开放文库",另外,一些大学图书馆在这方面实践较多,国内大部分公共图书馆尚未开展机构知识库的建设。

6.6 数字图书馆运行保障呈现的特点

6.6.1　宏观政策为数字图书馆的发展创造了有利的外部环境

数字图书馆建设离不开政策的支持和保障,中央对文化建设的支持力度,各地政府对图书馆的投入都影响着数字图书馆的发展。从党的十六大对深化文化体制改革作出一系列重大决策到十七大提出兴起社会主义文化建设新高潮、推动社会主义文化大发展大繁荣的战略任务,都赋予了文化事业发展的不竭动力。图书馆在公共文化服务体系建设中的资源优势和组织优势明显,公益性、系统性特征突出,全国公共图书馆加快建设与发展步伐,在深入推进文化体制改革、推动社会主义文化大发展大繁荣战略部署中的地位越来越突出,作用越来越重要。这些外部环境因素极大地促进了数字图书馆的建设和完善。

6.6.2　国家重点文化项目共同推进数字图书馆发展

近年来,文化部和有关部门积极策划实施县级文化馆、图书馆建设、乡镇综合文化站建设、全国文化信息资源共享工程、送书下乡、古籍保护、流动舞台车等一系列有影响的国家重大文化项目,这些项目较好地带动了基层文化设施网络的发展,其中全国文化信息资源共享工程对基层数字图书馆的发展起到了很好的推动作用。在此基础上,"县级数字图书馆推广计划""数字图书馆推广工程""公共电子阅览室建设计划"陆续推出,这些工程之间互相结合,彼此促进,有效促进了数字图书馆服务体系的形成,极大地带动了各地数字图书馆的建设速度和服务水平,共同推动数字图书馆快速向前发展。

6.6.3 全国数字图书馆建设立项逐年增多、形成蓬勃发展的势头

数字图书馆立项标志着数字图书馆建设的启动,近年来,数字图书馆立项逐年增多,立项经费也呈上升趋势,更多的市级图书馆认识到数字图书馆服务的重要性,也开始立项市级数字图书馆项目,通过国家带动省、省带动市、市带动县,数字图书馆正在实现逐级覆盖,形成蓬勃发展的良好势头,通过规模化、一体化服务将创造更大的社会效益。

6.6.4 科学有效的数字图书馆标准规范体系已经建立

数字资源从产生到使用再到长期保存,每一个环节都与标准规范息息相关。因此,建立围绕数字资源整个生命周期的标准规范体系在数字图书馆建设中至关重要。目前,我国公共图书馆的标准规范研究已经深入到数字资源的系统服务、长期保存等一系列问题中,并已建立起围绕数字资源的生产、加工、传递、使用、保存和服务等各个阶段的标准规范体系。这一体系的建立,一方面能够实现标准规范内容的完整性、严密性和一致性,切实保障数字图书馆建设的有序化;另一方面也有利于标准规范的维护、调整、修改和扩充,推动数字图书馆标准规范建设的可持续发展。

6.6.5 数字图书馆的知识产权问题受到各方重视

数字图书馆的知识产权问题虽然已经成为制约数字图书馆发展的重要因素,但是我们欣喜地发展,知识产权已经越来越受到政府管理部门、著作权人、学术界的重视,很多有利于数字图书馆发展的项目已经开展。国内公共图书馆为《公共图书馆法》的立法而奔走,努力从法律层面保障图书馆在公益性服务上应享有的权利;国家图书馆等机构已开展公有领域作品征集的相关项目,通过对进入公有领域作品的整理发布,读者可以对资源免费使用;知识共享组织作为国际性的非盈利性机构正着力推广知识共享模式即 CC 模式,创作者可以通过这一模式默认接受著作权许可协议(cc 协议),在保留著作权的同时,将自己的创造性作品与公众分享;同时,许多专家学者也纷纷发表文章对知识产权问题进行研究,数字图书馆的知识产权问题已经成为一个热点研究方向。

6.7 数字图书馆运行保障存在的问题

6.7.1 数字图书馆保障体系发展有待均衡

数字图书馆建设不仅仅是某一地区、某一个图书馆的工作,而是一个跨全国各省市、各地区的宏大工程,是全国各级各类图书馆共同的事业和发展目标。然而,目前我国公共图书馆在数字图书馆建设的相关政策、立项、经费、人员等保障措施方面发展很不均衡。首先,东、中、西部地区差异明显。东部地区在保障措施上明显优于中、西部地区。其次,各级馆之间发展也不均衡,随着各项数字图书馆建设相关工程的推进,省级图书馆在数字图书馆立项、经费和人才配备等方面水平不断提高,相比之下,市级图书馆存在很大的差距。中、西部地区图书馆以及市级图书馆应当在今后的工作中加强数字图书馆保障体系建设,同时注重借鉴其他图书馆的建设成果和宝贵经验,以保障全国数字图书馆建设与服务的全面、均衡发展。

6.7.2 数字图书馆经费供给的可持续性不足

尽管我国许多地方的数字图书馆建设已经获得了政府的经费和相关政策支持,但仍然有相当大比例的地方政府对于数字图书馆的重视和支持力度不够,数字图书馆建设的配套经费无法落实,使得数字图书馆的基本硬件建设缺乏保障。数字图书馆是依托计算机网络提供服务的,不仅要新配置设备,而且还要考虑这些设备的持续运转和更新。在此基础上,数字资源的采购数量、自建资源的开发程度,以及面向用户的一站式检索和信息服务将直接影响数字图书馆的服务效率和质量。目前各级各类图书馆的数字图书馆立项数量较多,立项经费也较丰富,但追踪后续基本运营经费的拨付,大部分数字图书馆都显不足,不利于数字图书馆的可持续发展。各馆不仅应积极配合各个数字图书馆项目的实施,从各个项目争取资源建设、硬件更新经费,更应当积极与本地政府沟通,转变政府观念,争取地方财政支持,力争将数字图书馆运营经费列入图书馆基本支出,形成长效的经费保障机制。

6.7.3 标准规范成果的宣传推广与应用转化不足

标准规范编制的最终目的是指导数字图书馆建设,然而从调研数据可以看出,目前我国公共数字图书馆特别是地方馆的标准规范使用情况并不理想,标准规范建设也未受到应有的重视。虽然各大全国性的数字图书馆建设项目已经出台一系列标准规范,但这些研究成果仍然难以被发现和利用,更缺乏向各级各类图书馆的推广和宣传。究其原因,一方面是由于国家层面缺乏对于标准规范的应用指导和要求,这就使得各地已建的资源和系统无论是对象格式、元数据格式还是系统结构、界面、检索语言等都存在非常大的差异,成为全国范围内集成整合的系统障碍;另一方面,由于各地开展数图建设先后不同,先行建设的馆大多是自行拟定相关标准,或者没有标准;再次,能熟悉并实际使用标准规范的专门人才不足,标准规范应用实例分享和操作指南的缺乏,影响了标准规范的灵活使用和广泛传播。因此,必须加强已有标准规范成果的宣传推广和应用转化,促进标准规范建设成果在数字图书馆建设中的实际应用,才能使已有标准成果发挥其应有的保障作用。

6.7.4　数字图书馆从业人员匮乏,专业素养有待提高

数字图书馆是图书馆发展的新形态,需要强有力的人才队伍作支撑,这就要求各级各类公共图书馆广泛吸收从事数字图书馆业务工作的专门人才,相应地,数字图书馆从业人员在图书馆全部人员中也应占有较大的比重。尽管全国范围内已经初步建立起一支数字图书馆的人才队伍,但相比较数字图书馆蒸蒸日上的发展趋势,目前的人员队伍无论是数量还是业务素质都远未达标,人才激励措施不足导致无法吸引高素质的专业人才加入数字图书馆的建设中,传统图书馆员需要业务转型,数字图书馆从业人员的知识更新和技术储备有待加速,面向基层的公共数字文化建设培训工作亟待加强,都是当前亟需解决的问题。然而从上文的调研分析我们看出,目前我国公共图书馆中,省级图书馆专门从事数字图书馆工作的人员相对较多,但是市级图书馆相关人员较少,东部发达地区从事数字图书馆工作的人员相对较多,西部不发达地区相关人员较少,市级以下图书馆的情况更加不容乐观。此外,对图书情报或信息技术专业背景的从业人员的调研也发现,专业背景也是影响数字图书馆发展的一大因素,需要重点对待。今后,应继续加强对数字图书馆相关人才的引导和培养,争取早日建立一支专业化、高素质的数字图书馆人才队伍。

6.7.5　数字图书馆公益性与知识产权保护尚需平衡

随着图书馆事业发展,图书馆公益性和开放性的特点已经深入人

心。进入数字时代的图书馆,数字资源的便捷和可复制性的特征给知识产权保护带来了新的问题。我国对网络著作权保护不断加强,数字图书馆的知识产权保护与公益性原则的冲突也不断加深。在传统图书馆时代,著作权人、出版商与图书馆利益更容易在法律的规范下保持基本上的平衡,但数字图书馆与传统图书馆在构成、利用与服务上的不同使得著作权保护的主体、客体以及权力使用方面变得复杂。如果一味强调著作权人的利益,使原来图书馆享有的很少的合理使用政策受到了更多的限制,并且利用技术保护措施严格控制文献信息的使用又会损害广大用户的利益。因此,在数字图书馆的发展中,在制定相关法规政策的过程中应注重平衡两方面的利益,图书馆也应该努力创新数字资源传播的技术能力并丰富服务方式,尽量在各方可以接受的前提下为用户争取更多数字图书馆的使用权力,为实现图书馆服务均等化做出贡献。

参考文献

[1] 国务院印发《关于促进信息消费扩大内需的若干意见》[EB/OL].[2013 – 11 –04]. http://politics. people. com. cn/n/2013/0814/c1001-22563427. html.

[2] 文化部关于印发《文化部信息化发展纲要》的通知[EB/OL].[2013 – 11 – 04]. http://www. gov. cn/gzdt/2013-09/18/content_2490872. html.

[3][4] 周和平. 中国图书馆事业发展报告 2012[M]. 北京:国家图书馆出版社,2012:17 – 27.

[5] 赵悦,申晓娟,胡洁等. 数字图书馆推广工程标准规范体系建设规划与实践[J]. 国家图书馆学刊,2012(5):46 – 59.

[6] 申晓娟,胡洁. 数字图书馆知识产权策略探讨[J]. 图书馆,2012(2):35 – 38.

[7] 张彦博,罗云川,王芬林.《数字图书馆资源建设和服务中的知识产权保护政策指南》解读[J]. 中国图书馆学报,2011(1):59 – 63.

7 我国数字图书馆未来发展

数字图书馆是图书馆事业新的发展形态,是利用互联网和新媒体拓展公共文化服务能力和传播范围的主要途径。各级公共图书馆是我国数字图书馆建设的核心力量,在保障区域内普通公众便捷、平等和有效获取数字文化信息资源方面发挥着重要作用。

我国省市级数字图书馆的建设经过数年来的发展,经历了从无到有、从单一到丰富的过程,在资源、技术、服务和标准规范等方面取得了一定的成果,但是面临新技术和社会需求的迅猛发展,用户对文化信息需求的日益变化,各级数字图书馆还远未达标,尚未形成统筹建设、协同服务的整体格局,迫切需要加大建设力度,准确把握时代发展与用户需求,明确未来方向和建设重点,加快实现跨越式发展。

前述调研数据显示,近年来我国数字图书馆的建设得到了国家和各级地方政府的大力支持,省市级数字图书馆的网络和硬件基础设施条件大幅改善,资金和技术保障显著提高,在全国范围内已初步形成内容丰富、形式多样、分级分布式资源保障体系,数字图书馆服务成效显著,服务范围不断延伸,服务手段不断创新,服务内容日益精细化和个性化,基本形成了从国家到省、市乃至县级的数字图书馆服务体系,尤其是随着数字图书馆推广工程、全国文化信息资源共享工程等文化惠民工程的实施,全国各地数字图书馆建设蓬勃发展,为推动公共数字文化建设、加快形成覆盖全国的公共文化服务体系做出了重要贡献。然而,数字图书馆建设是高技术含量、复杂度较高的系统工程,全国范围内当前仍然存在着一些问题,主要表现在:数字图书馆发展不均衡,总体统筹有待加强;数字图书馆共建共享机制需要进一步完善;社会需求的日益提高和信息技术的迅猛发展对数字图书馆服务提出了多方面的挑战;数字图书馆的运行保障与发展需求存在较大差距等问题。

面临诸多挑战与问题,我国的数字图书馆建设应加强全国层面的统筹规划,明确战略发展重点,强化自身基础的同时积极拓展多方合作,不断提高对新媒体、新技术、新需求的反应速度,加快建设步伐,为图书馆的发展创造新的发展机遇和广阔的发展空间,加快形成覆盖全国、资源丰富、服务便捷、互联互通的数字图书馆服务体系,推动我国公共数字文化的建设与发展。

7.1 我国数字图书馆发展建议

7.1.1 加强全国层面的统筹规划和顶层设计

数字图书馆建设是一项跨地区、跨行业、跨部门的系统工程,必须在国家层面加强顶层设计,开展全局性的数字图书馆建设规划与协调,进行有效的分工合作和联合开发,加快形成覆盖全国的数字图书馆服务体系。这样既可以在资金和政策上得到国家足够的支持与保障,保证数字图书馆建设顺利进行,也可以避免各自为政和重复建设,避免资源的极大浪费。

要加强图书馆内部的业务融合与战略管理。数字图书馆的建设不能仅仅满足于自身的渐进发展,而是要从图书馆事业的全局来考虑如何转型发展,在加快数字图书馆建设的同时要充分考虑如何与传统图书馆进行统筹与整合,借鉴传统图书馆已有的优秀资源和经验,深度开展业务的融合,创新业务链、服务链、人才队伍和管理模式,使图书馆的整体服务水平与经济和社会发展的要求相适应,相互促进,共同发展,推动图书馆事业的可持续发展。

要加强全国层面的统筹管理和协调发展。建立从中央到地方、从省到市再到基层的数字图书馆统筹规划和协调发展机制,将数字图书馆建设与城市化进程和公共文化服务体系建设统筹结合,把数字图书馆纳入各省文化发展总体规划,纳入城市信息化建设总体规划,纳入社会管理总体规划中,加强公共图书馆系统的协调合作,提供国家层面的数字图书馆资源与服务。充分利用数字图书馆推广工程等相关数字文化工程的合作机制,加大共建共享力度,在网络和技术平台、资源建设与服务、资金和人才保障等多方面做好对接,分工协作,提高资金和资源投入的整体效益,避免重复建设与浪费。充分发挥各级数字图书馆的优势,兼顾特色化与整体发展的需求,积极推动公共文化数字资源在不同图书馆之间、不同区域之间的均衡布局、合理配置,缩小区域间差距,促进全国数字图书馆的整体协调发展。

7.1.2　加大网络、资源与服务的一体化建设

当今社会已进入一个信息化与全媒体相结合的崭新时代,时代的发展推动图书馆行业的转型升级。图书馆转型发展的实质就是构建以数字化、网络化为核心的图书馆服务新方式,形成网络、资源与服务的一体化和规模效应,带动全国数字图书馆的整体发展。

完善覆盖全国、互联互通的数字图书馆的网络体系。在全国形成一个集成的、通用的、分布式的网络平台,实现数据集成与交换,并在此基础上实行分工协作,互尽义务,互利互惠,使全国读者享受到普遍均等的数字图书馆服务。依托数字图书馆推广工程和全国文化信息资源共享工程等全国性文化工程的政策和资金,加快各地数字图书馆的硬件设备标准化建设,借助互联网、移动通讯网、广电网、政务外网、虚拟专网等加大各级各类数字图书馆与国家数字图书馆的网络互联,提高网络安全性和稳定性,提高网络传输能力,逐步建设形成覆盖全国、联接省市县数字图书馆、乡镇综合文化站、村级文化活动室,服务覆盖全国的公共文化网络体系。通过全国数字图书馆的网络一体化建设,为全国数字图书馆系统互联、业务整合、服务协作和可持续发展提供网络设施保障。此外,在数字图书馆建设过程中,还要充分利用

各系统、各地区已建或在建的其他数字化服务平台,加强与数字城市、智慧城市、数字书屋、科技信息共享平台、数字电视、移动服务等数字化平台的整合,充分利用其网络设施、数字资源和服务渠道,同时要按照开放建设的思路,充分考虑与这些平台的对接。

进一步加快数字图书馆资源一体化建设。建立全国范围内的数字资源保障体系是一个复杂的系统工程,需要有计划、有重点地开展。首先,要按照"共知、共建、共享"的建设思路,打破条块、地区、层级的界限,联合各级各类图书馆开展数字资源的联合共建和合理共享。要加强我国公共数字文化资源的揭示与整合,实现数字资源与传统资源的全面关联,凭借先进的知识信息技术,实现对知识的深度开发与利用,实现知识整合、学科知识重组与知识库构建,建立基于文献信息内容的知识网络。其次,要利用好国家在公益性数字文化建设等方面的政策,开展数字资源的统一规划,指导国家、地区和各级图书馆的数字资源建设,建设过程中遵循相关国际、国家和行业标准规范,实现科学管理。同时,要严格遵循需求优先的原则,做到突出特色、先易后难、分步实施、保障重点,要加大行业特色资源和地域特色资源建设,要优先建设能够代表优秀传统文化、先进社会文化的数字资源,不断丰富我国数字资源的内容,提高资源建设的质量,快速高效地建设具有我国文化特色的高质量的数字资源库群。此外,要站在国家文献信息资源战略储备的高度,在全国形成数字资源的分布保存机制和网络资源的分工采集机制,实现对数字资源的协同采集和长期保存。逐步建成分级分布式公共文化资源库群和全国数字资源保障中心,在全国范围内形成有效的数字资源保障体系。

完善数字图书馆服务体系,提升各级数字图书馆服务能力。要借助当前已形成的全国性网络体系建立统一的服务平台,在这个平台上高度集成各级公共图书馆所能够提供的各类型资源和服务,构建数字图书馆之云,使用户能够随时随地通过手机、数字电视、移动电视等新媒体,方便快捷地获取任何一个图书馆的资源与服务。首先,要实现将各类数字资源,包括电子图书、电子期刊、电子报纸、图片、音视频等进行集成、整合并提供服务,实现用户对资源的统一搜索和便捷获取,加大普惠型服务力度,充分发挥数字图书馆的公共文化服务和先进文化传播职能;其次,在资源和服务的统一揭示基础上,深入挖掘资源的知识内容,通过主题词典、概念映射、主题地图等工具和方法形成基于不同颗粒度的知识体系或概念网络,为用户提供智能化知识服务;再者,要树立"以服务促发展"的理念,注重收集分析用户的行为需求和数字资源使用信息,注重资源的使用评估,根据用户的个性化需求提供交互式服务,将隐藏在信息资源中的信息转换为针对特定用户特定需要的信息内容,开展基于需求的推荐服务、基于语义的关联服务、嵌入用户信息需求环境的服务、面向不同群体的分层服务等,不断优化数字图书馆的用户界面,建设互动式知识服务环境,形成双向互动的良性循环,保障数字图书馆服务的高效运行。同时,要充分利用现代化技术手段和新媒体设备,加强移动阅读平台、数字电视等新媒体服务建设,提供数字阅读新体验。

7.1.3 多方面强化数图建设的实施保障

经费和政策支持是数字图书馆建设的基本保障。各级政府和文化行政部门应该对数字图书馆的建设给予重视,加强对区域内数字图书馆的政策和经费支持,加强对数字图书馆的业务管理和考核评估。各级图书馆要善于争取经费,积极面向政府机关提供决策咨询服务,提升各级政府对数字图书馆的重视,积极争取各级财政经费支持。同时,应该加强全国图书馆之间的经验交流,相互沟通、相互借鉴,合力推动各级数字图书馆的快速发展。

标准规范的推广应用是数字图书馆可持续发展的规则保障。各级数字图书馆应该加强对标准规范的重视,充分利用已建成的国际标准、国家标准和行业标准,加大对这些标准规范建设成果的应用,按照相关标准规范开展资源的加工建设和组织服务。同时,研究能力较强的图书馆还可以开展横向合作,进一步补充、完善数字图书馆的标准规范体系,努力推动我国数字图书馆标准规范体系成为世界标准,为资源的共建共享提供便利条件。

先进技术与媒体手段是数字图书馆创新的不竭动力。数字图书馆是依托网络技术和计算机技术发展起来的图书馆新业态,要想保持并不断提升数字图书馆的吸引力和服务价值,只有不断加强对基础性核心技术的研发,加大对新媒体和新技术的应用跟踪。当前大数据、云计算、移动互联网等新兴技术风起云涌,数字图书馆应抓准切入点,尽快实现新技术与图书馆传统优势的结合和创新发展,提高数字图书馆投入产出效益,实现集群效应;建立大数据的采集和分析体系,实现对数字图书馆推荐服务和智能服务的有力支撑;加大对检索技术、知识挖掘技术和智能技术的应用研究,充分发挥图书馆在资源的规范化组织与管理、精准的检索手段以及文献计量等方面的优势,在智能检索、知识检索、知识分析等方面占据一席之地,使数字图书馆成为用户获取高质量、精准化和智能化文献信息资源服务的优先选择。

知识产权对数字图书馆服务是双刃剑。数字图书馆作为信息的传播者,对于信息资源的网络化、共享化应当享有相应的使用权利,同时也应当自觉保护著作权人的合法权益。尽管对知识产权的保护在一定程度上缩小了数字图书馆的服务范围,限制了数字图书馆的共建共享,但也是优秀数字资源创作和可持续生产的重要保障,只有保护了创作者和生产者的积极性,才能保障源源不断的优质资源可用于数字图书馆服务。未来,数字图书馆要积极开展对知识产权的保护和对数字资源的合理利用,利用版权管理系统等先进的软件平台进行知识产权的有效管理,并实现与服务信息的有机结合。在遵守知识产权相关法律法规的同时,也要积极争取属于公益性服务的特殊待遇,广泛征集、发现符合知识产权约定的优秀资源并用于服务,不断扩大合作范围,通过多种方式与出版社、作者、相关信息生产机构等进行合作,在推动广大公众平等、自由获取数字信息资源的同时,使数字图书馆成为优秀作品展示和推广的平台,增加信息创作者和生产者的收益,寻求商业利益与公益性服务的平衡点。

人才队伍是推动数字图书馆建设的核心力量。数字图书馆对人才队伍的要求是全方位和综合性的。不仅需要能够把握数字图书馆发展趋势、统筹规划和科学实施的管理人才,也需要精通数字图书馆业务的技术人才,需要了解各行业各学科知识、能够提供专业咨询的专业馆员,还需要能够对数字图书馆的资源和服务进行包装和推广的营销人才,同时在数字图书馆各项工作开展中,还将不断需要各领域专家的研究论证和科学指导。针对目前全国数字图书馆从业人员整体比较缺乏、业务素质较低且偏传统的状况,亟需建立全国范围内的数字图书馆人才保障机制,加强人才培养和引入的整体规划。根据数字图书馆建设对于管理人才、专业技术人才、宣传推广人才等不同层次的需求,通过组建专家团队、开展业务交流与研讨、组织培训等方式,建立并完善分级分类的人才保障体系,通过业务研讨、集中授课、网络课堂、业务参访、交换馆员等方式,有步骤分批次地开展数字图书馆理论培训、业务培训、应用培训、科技培训和服务培训,加强各级各类图书馆之间,以及图书馆与图书情报教育机构之间的合作与交流,在全国建设一批现代化、科技化、职业化的数字图书馆专业化人才队伍,全面提升我国数字图书馆服务的能力与质量,推动我国图书馆事业的跨越式发展。

宣传推广是提升数字图书馆影响力的重要途径。面对新技术新应用的推陈出新,数字图书馆在加强自身建设水平的同时,一定要转变思路,进一步加大数字图书馆宣传推广力度,引入市场化宣传手段,积极策划丰富多彩、深入人心的服务推广活动。在宣传内容的组织上要突出特色、吸引眼球,结合用户需求开展针对性的内容推介,使用户能够快速建立起对数字图书馆的兴趣和使用动力;其次,要注重宣传的持续性和更新,要能够结合数字图书馆建设的阶段性成果和最新进展开展宣传,要结合用户的使用习惯借助各种媒体、各种平台开展宣传,强化用户对数字图书馆海量资源、特色服务等的认识,不断提高用户的信息素养;再者,在宣传方式上要丰富多样、生动鲜活,针对不同群体的特点采用不同的推广方式,充分利用互联网、手机等新媒体渠道,通过微博、微信等新兴社交媒体推送信息,提高宣传推广的效率;此外,要注重打造一系列的服务品牌,提高数字图书馆的辨识度,使公众能够深入了解数字图书馆、使用数字图书馆,不断提升数字图书馆的社会效益。

7.1.4 加大合作范畴,推动形成公共数字文化大发展

图书馆以满足用户的文化信息需求、传承优秀传统文化为己任,与美术馆、档案馆、博物馆等机构都是公共文化服务体系的组成部分。数字图书馆借助网络和先进技术来拓展、创新图书馆的服务职能,用户对于数字文化的需求并不局限来源,可以是文献,也可以是实体藏品,可以是图书、图片,也可以是音频、视频,因此,在未来建设与服务过程中,数字图书馆应该打破行业界限,立足于公共数字文化大发展,积极寻求与拥有丰富珍贵文化资源的文化馆、艺术馆、档案馆等相关机构开展合作,积极探索在资源建设与管理、系统平台和用户服务等方面的合作模式。打破行业界限开展合作,在更大范围内实现资源的共建共享和联合保障,发挥公共数字文化的整体优势,将有效提高各类文化服务机构的服务水平,打造代表国家水平的优秀数字文化资源,形成全国文化行业协同服务、联合保障的公共数字文化服务平台,提升公共文化服务的效率,加快我国优秀传统文化的传播利用。

同时,随着国家对于文化事业的重视和各方面的支持以及数字文化产业的发展,文化与各行业将以更加深入、紧密的方式进行融合。数字图书馆要积极开展多渠道合作,逐步扩大影响力,实现全民共享。如加强与拥有先进技术、先进传播渠道的行业与机构开展合作,使数字图书馆的发展与时俱进,在新技术、新媒体的助力下,加快服务升级,提升服务水平;积极开展与军队、科研院所、企业的合作,提升数字

图书馆服务的专业化和现实价值;与全国残疾人联合会、青年联合会、妇女联合会等公益性组织合作,借助其社会影响力和不同群体的覆盖面,将数字图书馆的资源与服务面向全社会辐射。

7.2 我国数字图书馆的未来展望

数字图书馆是知识经济时代图书馆事业发展的必然趋势,是公共数字文化建设的有机组成,是推动优秀文化产品网络传播、促进公共信息资源公平获取、提升公共文化服务水平的重要途径。对于我国来说,数字图书馆事业发展水平距离发达国家还存在一定的差距,数字图书馆建设的理论和实践都有待进一步加强,需要抓住当前的良好机遇,把握数字图书馆的发展趋势,在政策、技术和用户需求的多重推动下,建立以数字图书馆为主要载体的中文信息资源共享平台,形成中华文化在互联网上的整体优势,为公民的终身教育、优秀文化的交流展示与保存保护做出积极贡献,使数字图书馆发展成为未来社会的公共信息中心和文化枢纽。

7.2.1 优秀文化的交流展示平台

高覆盖率超连接的移动设备、网络化传感器、设备和基础设施、3D打印和语言翻译技术正在深刻地改变信息社会,创新不断出现。人们工作、沟通和获取信息的方式已经永远地被改变了。世界各地的人们通过网络可以在短时间内了解世界各地发生的事情,也可以通过网络连接远在他乡的朋友亲人进行语言、文字、视频的交流和聊天。在全球经济迅速交融发展的大背景下,人们日渐要求文化信息、科技教育等诸多方面的全球化发展。文化交流的全球化发展意味着其载体及网络信息平台必须走全球化共享的道路。

数字图书馆为中华优秀文化的集中展示和国际文化交流提供了

宽广的平台。数字图书馆将广泛搜集、建设能够反映中华民族文明历史、展示中国地域文化特色、体现中华文化丰富内涵和弘扬中华民族自强不息精神的系列知识资源,在全国建设分级分布的海量中华文化信息资源库群,并通过覆盖全国的数字图书馆虚拟网为全国乃至世界用户提供内容丰富多彩、形式生动鲜活的网络文化产品,打造覆盖全国、辐射全球的优秀中华文化展示平台,不断增强中华优秀文化的辐射力与影响力。同时,加强与世界各国数字图书馆平台的对接和互联,扩大中华文化的传播范围,把中华民族几千年的文化特色,人文自然景观,磅礴的历史进程,以及当代社会主义建设新风貌,现代文化教育、科研成果等展现在世界面前,有效促进中华民族优秀文化在国际舞台上的交流和学习,促进本国民众更好地学习世界先进文化和前沿知识,促进全球各国和各组人民之间的文化理解和文化交融,为整个人类社会的进步和发展作出应有的贡献。

7.2.2　泛在的数字文化信息枢纽

"宽带中国"战略中明确提出,要建设可智能适配不同宽带接入网络和终端的广播影视、文化馆、图书馆、博物馆等数字文化内容平台,提高数字文化内容平台的宽带联网和互联互通水平,创新数字文化服务业态,丰富各类数字文化应用,开发数字文化应用智能终端,开展各类数字文化宽带应用示范,促进宽带网络和文化发展融合,增强文化传播能力。《国务院关于促进信息消费扩大内需的若干意见》要求加快信息基础设施演进升级:完善宽带网络基础设施;统筹推进移动通信发展;全面推进三网融合;大力发展数字出版、互动新媒体、移动多媒体等新兴文化产业,加快建立技术先进、传输便捷、覆盖广泛的文化传播体系等。这些政策对于数字图书馆拓展服务半径,改善服务体验,提供泛在的数字文化信息服务创造了发展契机。泛在知识环境(Ubiquitous Knowledge Environment)是指由网络设施、硬件、软件、信息资源、人等有机组成的新一代科技知识基础结构,具有知识的泛在化、服务的智能化、体系的协同化等特点,在这个环境里所有人可以无任何约束地获得人类知识。成为泛在的数字文化信息枢纽,促进公共文化信息资源的平等共享和利用,也是数字图书馆发展的终极目标。

提供泛在服务,首先要实现对各类型数字文化信息和知识资源的集中发现与获取,建立贴近公众习惯的一站式搜索系统,实现不同数字图书馆搜索系统的互连,集成整合全国各级各类数字图书馆的资源与服务,借助云计算、物联网等先进的技术手段,实现全国数字图书馆资源共享与服务联动,为用户提供随时随地的便捷服务。同时,以互联网、移动通信网、广电网为通道,建设面向手机、数字电视、移动电视各类新兴媒体的全媒体数字图书馆、服务少儿、残疾人、政府和科研机构等不同群体的专业数字图书馆,形成覆盖全国的、分级分布的数字图书馆服务体系,提供个性化、多样化、泛在的数字文化信息服务,使人们能够随时、随地、随身的获取数字图书馆的知识化、智能化服务,使数字图书馆成为广泛存在于人们工作、学习和生活中的数字文化信息枢纽,促进数字文化资源的全民共享。

7.2.3 便捷的公民终身学习课堂

互联网的全球普及、各个国家信息基础设施的完善使得网上教育、在线学习(E-Learning)发展迅猛,不仅是传统教育机构对其青睐有加,许多互联网新兴组织和企业也纷纷加入进来,这使得人们的学习机会更丰富、更便宜、更方便,大大促进终身学习的发展。在 21 世纪知识经济进入快速发展的新时代,享受终身教育是全体国民提升自身素质的基本要求和有效手段。同时,不断扩大的数字宇宙给信息素养技能带来了更高的价值,这意味着那些不具备信息素养技能、基本阅读、写作技巧和访问互联网技术能力的人将越来越多地面对融入社会的障碍。这些对于数字图书馆的发展而言,是挑战也是机遇。

数字图书馆未来要努力成为保障公民终身学习的重要平台,不仅可以为远程教育提供越来越多的学习资源,也可以加强自身系统的建设与完善,为社会全面教育提供良好的知识载体和平台,同时加强对人们信息素养的提升,缩小技术发展所带来的信息鸿沟,成为全民终身教育的大课堂。无论是儿童还是老人都能在数字图书馆中满足所需,无论是现代化都市的市民还是身处边远山区的农民,都能随时随地登录数字图书馆获得最前沿、最权威的信息与文化知识,通过网络自由地学习、工作和生活,不断提高自身文化素养和专业知识,为经济和社会发展营造一个良好的文化环境。

在信息技术快速发展的今天,作为为人类提供知识信息服务的数字图书馆应该顺应时代潮流,建立能够提供主动学习的全新数字图书馆服务体系,为人们的学习过程提供持续不断、全方位的服务,将数字图书馆建设成读者终身学习的中心。按照建设全民学习、终身学习的学习型社会的要求,依托各级数字图书馆的文献资源和讲座培训资源,通过文本、音视频、动画等方式,制作适用于不同文化水平、满足不同学习需求的多样化学习资源库群,实现优质文化资源的共建共享。同时,以提升全民学习持久性和全面性为重点,向社会公众开展内容丰富、形式多样、获取便捷的信息指南和技能培训,培养用户勤于学习、善于学习、有效学习的良好素质和学习能力,促进人的素质的全面提高,推动学习型社会建设。

7.2.4 文化遗产的网络典藏中心

正如电影《时光机器》片尾所寓意的:只要书和图书馆仍存在,人类的知识就可传递下去,而文明亦可复苏。图书馆自诞生之日起就担负起保存人类文化遗产的神圣使命。数字图书馆的诞生与发展为图书馆收集和整理人类文化遗产带来了新的思维和方式,在丰富数字馆藏内容的同时,也为保存人类文化遗产提供了更加多元便捷的技术手段和方法。通过现代化的技术手段,将所有的珍贵资料进行数字化处理并展现给人们,原件可以保存在更适宜的环境中,处理后的资料可以进行便捷的传播、交流、阅读和学习而不影响原件。此外,数字技术的发展也使得数字图书馆收藏的资源范围大大拓宽,不再局限于书、刊、报等传统的文献内容,而是拓展为能够记录文化信息的各种载体,甚至是凝聚着历史文化底蕴的非物质文化遗产。通过数字化技术与设备,既可以将一些文字遗产类资源进行数字化,也可以采集一些非文字类的文化遗产,如数字影像录制等,以便长期保存、传播和传承,这对于有着悠久、厚重文化历史的中华民族来说尤为重要。

从国际数字图书馆的发展趋势也可以看出,未来数字图书馆、博物馆和档案馆将开展更加深度的合作,甚至是融合,共同担负起保存和传承优秀民族文化遗产的职责。我国数字图书馆在为公众提供便捷的文化和信息服务的同时,还要积极借助网络和计算机技术,建立起优秀中华文化资源的集中保存和长期保存中心,收集、存储和长期典藏大量原生和非原生的优秀文化资源,成为中华优秀文化遗产的网络典藏中心。

参考文献

[1] 宽带中国战略方案公布[EB/OL].[2013 – 09 – 05]. http://365jia. cn/news/special/2013-08-18/0D035925E8209E22. html.

[2] 国务院印发《关于促进信息消费扩大内需的若干意见》[EB/OL].[2013 – 11 – 04]. http://politics. people. com. cn/n/2013/0814/c1001-22563427. html.

[3] 黄幼菲. 泛在知识环境下后数字图书馆发展的思考[J]. 情报理论与实践,2011(3):39 – 44.

[4] Trend Report[R/OL].[2013 – 10 – 24]. http://trends. ifla. org/.

[5] 国际图联趋势报告[R/OL].[2013 – 10 – 24]. http://www. library. sh. cn/news/data/国际图联趋势报告. PDF.

[6] 刘金玲,强菁. 论现代数字图书馆学习中心的构建[J]. 图书馆界,2013(5):14 – 16.

[7] 利军. 非物质文化遗产保护和利用的路径及发展策略[J]. 当代文坛,2013(6):114 – 118.

附录一 2010 年全国数字图书馆调研问卷

填表说明：

1. 本调查问卷共有六个表格，其中表一为数字图书馆基本情况调研；表二为基础设施建设情况调研；表三为应用系统调研；表四、五为数字资源建设情况调研；表六为数字资源服务情况调研。

2. 建议每个表格分别由对应的相关业务部门填写。请联络人填写相关信息，以便进行二次调研。

3. 填写的统计数据截止到 2010 年 10 月 31 日。

联络人信息：

姓名		性别	
职务		电话	
邮箱		所在部门	
通讯地址			

表一 数字图书馆基本情况

机构名称				
网络服务平台	是否有网络服务平台	□是 □否	网络服务平台开通时间	
	平台服务读者人次（万）		平台服务共享工程基层点（个）	
	资源服务覆盖区县数（个）		公共文化服务网络级次（级）	
	辐射人群（万）			

续表

机构名称				
立项情况	是否有县级数字图书馆推广计划	□是 □否	启动时间	
	覆盖区县(个)			
新馆建设情况	是否有在建新馆	□是 □否	建筑面积(平方米)	
	竣工时间		投资额	
	新馆存储能力(TB)		新馆服务人次(万)	
	新馆特色服务	例如:无线网络覆盖、展示会议系统等		

表二　数字图书馆——基础设施情况

硬件	应用服务器数量(台)	光纤存储量(TB)	
	光纤离线备份量(TB)		
	业务终端数(个)	电子阅读器终端数(个)	
	电子报阅读终端数(个)	OPAC 检索终端数(个)	
软件(网络)	到桌面局域网速度(兆)	互联网出口速度(兆)	
	网络设备(台)	交换机(台)	
	防火墙 VPN(台)	上网行为管理设备(台)	
基层网点	服务站点总数(个)	省级分中心(个)	
		市级支中心(个)	
		县级支中心(个)	
		乡镇服务站(个)	
		街道基层服务站(个)	
		村基层服务站(个)	
		其他(个)	

表三　数字图书馆——应用系统

		（具体应用系统名称）
是否配备应用系统	□是 □否	样例:图书馆业务自动化平台

表四　数字图书馆——自建数字资源

序号	资源名称	主题内容（专题/主题等描述）	数据量（TB）
样例	地方文献	当地民族文献	4

表五　数字图书馆——外购数字资源

序号	资源名称	内容范围 （学科/主题等描述）	数据库使用现状 1. 已购 2. 试用	数据量 （TB）
样例	CNKI 中国期刊 全文数据库	期刊	1	20

表六　数字资源服务

是否有数字资源 特色服务	□是 □否	特色服务 主题及内容	样例:少儿动漫库
是否有数字资源 远程服务	□是 □否	远程服务 主题及内容	样例:"北京记忆"

190

附录二 2012 年全国数字图书馆调研问卷

填表说明：

1. 本调查问卷共有七个表格，其中表一为基本馆情调研；表二、表三为软、硬件情况调研；表四、五、六为数字资源建设情况调研；表七为推广工程相关问题调研。

2. 建议每个表格分别由对应的相关业务部门填写，由一人负责回收，统一反馈给我们。请联络人填写相关信息，方便日后联络。

3. 填写的统计数据截止日期为 2011 年年底。

联络人信息：

姓名		性别	
职务		电话	
邮箱		所在部门	
通讯地址			

表一 基本馆情

机构名称						
人员情况	工作总人数	人	核定编制	人	图书情报专业	人
	在岗编内人员	人	从事数字图书馆工作人员	人	信息技术专业	人
	在岗编外人员	人	人员缺口	人		
	注：填最新统计数据。工作总人数 = 在岗编内人员 + 在岗编外人员。 　　数字图书馆从业人员包含从事与系统/网络、数字资源建设、数字图书馆服务、数字图书馆管理相关工作的人员。					

续表

立项情况	是否有数字图书馆立项	□是 □否	立项时间	
	专项经费		经费来源	
经费情况	数字资源年度采购经费	万	经费来源	
	文献数字化建设年度经费	万	经费来源	
	硬件设备年度采购经费	万	经费来源	

部门设置	部门名称	人数	部门名称	人数

读者服务工作	所辖地区常住人口	万	图书馆有效证总量	张
	年到馆读者	人次	网站年点击量	万次
	数字资源访问量	次	数字资源下载量	次
	电子文献传递量	次	虚拟参考咨询解答量	次
	电子阅览室	平方米	盲人阅览室	平方米

注:数字资源访问和下载量含本地镜像和远程访问数据。

表二　数字图书馆——硬件设施

机房	面积	平方米	UPS 功率		KV
	温度范围	℃	UPS 延时		小时
	湿度范围	RH	24 小时开机	□是	□否
	机房环境监控系统		□有	□否	
	监控内容有：				
	注：温度和湿度范围填写在使用空调系统进行控制的情况下机房的温湿度。				
局域网和网络安全	总数据点	个	防火墙型号		
	核心交换机	台	VPN 设备类型和型号		
	其他交换机	台	入侵检测设备型号		
	总交换端口数	个	上网行为管理系统型号		
	无线接入点（AP）数量				
	无线网络	覆盖范围：　□无　□部分区域　□全馆覆盖 能否上互联网：□能　□不能			
	注：总交换端口数为各种交换机的端口数之和。防火墙、VPN 和入侵检测设备为一体化设备时（如统一防御系统 UTM）填同样的设备型号。				
互联网	运营商(多选)	□电信　□联通　□广电　□教育			带宽
	网络链路负载均衡设备型号				
	主网站网址				
	注：运营商可以有多个，带宽需对应填写；有主网站请填写网站域名或 IP 地址，没有网站的可不填数据。				

续表

服务器	物理数量	台	总核数			个
	总 CPU 数	个	总内存量			GB
	操作系统(多选)	□Windows 类		□Unix 类	□VMware 类	□其他
	服务器类型	□X86 服务器		□小型机选项		
	数据库(多选)	□Windows SQL 类		□Oralce 类		□其他
	注:服务器仅统计2006年1月以后购买的,2颗CPU以上的服务器。					
存储	裸容量	TB	已用容量			TB
	实际容量	TB	注:裸容量为硬盘标量,如1TB硬盘。			
	在线	TB	近线	TB	离线	TB
终端设备	计算机终端数	台	工作用机	业务自动化		台
	读者用机	电子阅览室	台		办公用机	台
		书目检索	台		笔记本电脑	台
		资源阅览	台		其他	台
		其他专用	台		合计	台
	合计	台	触摸屏读报机			台
	注:计算机终端仅统计2006年1月以后购买的。					
RFID	主要设备品牌		实现图书数量			万册
	标签品牌		开始使用时间		年	月
	室内借还机	台	室外还书机	□有	□无	
	馆藏清点仪	台	24 小时借还系统	□有	□无	
数字化	普通扫描仪	台	普通摄像机			台
	专业扫描仪	台	专业照相机			台
	专业摄像机	台	非线性编辑系统			套

表三 数字图书馆——软件系统

	序号	系统类型	本馆软件的具体名称	来源 1 购买 2 配发 3 自主开发
应用软件		业务自动化系统		
		电子阅览室管理系统		
		光盘等非书资源管理系统		
		网站内容管理系统		
		用户统一管理和认证系统		
		资源统一检索系统(读秀平台可归入此)		
		数据资源加工和发布		
		视频非线性编辑系统		
		网络资源采集系统		
		馆际互借和文献传递系统		
		流媒体点播服务系统		
		数字资源远程访问系统		
		虚拟参考咨询服务系统		
		移动终端资源访问服务(移动图书馆)		
		办公自动化(OA)系统		
		其他		

注:填最新数据。当本馆有对应的软件系统时,填上序号、具体软件名称等。

续表

系统管理软件	网络防病毒软件		
	上网行为管理软件		
	数据备份恢复软件		
	信息系统运维管理软件		
	其他		

注:填最新数据。当本馆有对应的软件系统时,填上序号、具体软件名称等。

表四　数字图书馆——外购数字资源

序号	资源名称	内容范围(学科/主题等描述)	数量(种/册/篇等)	时间范围	资源位置 1 镜像 2 远程 3 两者	访问控制 1 仅限馆内 2 认证+本地 3 认证	采购方式 1 独购 2 合购 3 团购
样例	CNKI 中国期刊全文数据库	全购	全购	全购	3	2	1

注:填最新数据。

1)资源对象为具体的数据库;2)数据库全库购买时,内容范围、数量和时间范围可填全购;3)对所填项目不详时填不详;4)如果没有购买所列出的数据库时,空着不填;5)镜像是指数据库数据安装在本地并适时更新;6)访问控制的认证是指在馆外访问需要用户名和密码,本地是指限于本地区或城市范围访问。

表五　数字图书馆——已建、在建数字资源

序号	资源名称	主题内容（专题/主题等描述）	资源类型1 文献数字化2 专题数据库3 视频资源	资源规模（种/页数）（条目数）（部/小时）	数据量（GB）	完成时间（年）	使用方式1 开放使用2 授权使用3 有偿使用4 不公开	其他说明
样例	视频讲座	专家学术讲座	3	596 部/1000 小时	200	2011	1	

注：请填写正在建设中的或已经完成的自建数字资源，完成时间表明所建资源是否完成；资源类型与资源规模单位存在一一对应关系，如资源类型选"1"文献数字化，资源规模就填"种/页数"（3 种/888 页）；使用方式，填写对外服务使用的方式，"3 有偿使用"包括对外发行和销售的数字资源。

表六　数字图书馆——拟建数字资源

序号	资源名称	主题内容（专题/主题等描述）	资源类型1 文献数字化2 专题数据库3 视频资源	资源规模（种/页数）（条目数）（部/小时）	数据量（GB）	计划时间（年）	使用方式1 开放使用2 授权使用3 有偿使用4 不公开	其他说明

注：请填写正在建设中的或已经完成的自建数字资源，完成时间表明所建资源是否完成；资源类型与资源规模单位存在一一对应关系，如资源类型选"1"文献数字化，资源规模就填"种/页数"（3 种/888 页）；使用方式，填写对外服务使用的方式，"3 有偿使用"包括对外发行和销售的数字资源。

表七 推广工程相关问题

软件系统平台	希望共享的系统平台有	□统一用户管理系统 □唯一标识符系统 □文津搜索系统 □中国政府公开信息整合服务平台 □文献数字化加工系统 □版权管理系统 □电子报触摸屏 □在线读报系统 □网络资源获取系统 □其他_____
	对共享系统平台的建议：	
资源建设	中文外购数据库方面，从数据库类型角度，贵馆对以下何种类型的需求较为迫切	□电子图书 □全文期刊 □电子报纸 □学位/会议论文 □专利/标准 □数值事实 □索引/文摘 □工具类 □音视频 □其他_____
	外文外购数据库方面，从数据库类型角度，贵馆对以下何种类型的需求较为迫切	□电子图书 □全文期刊 □电子报纸 □学位/会议论文 □专利/标准 □数值事实 □索引/文摘 □工具类 □音视频 □其他_____
	在商业数据库采购方面，贵馆更倾向于哪种方式	□有补贴的单馆采购 □有补贴的集团采购 □直接转移支付单馆采购 □无补贴的联合采购 □国家中心集中采购 □其他_____
	目前，正在全国公共图书馆范围内开展自建数字资源登记工作，贵馆是否愿意参加	□愿意 □不愿意,原因_____
	针对未来推广工程开展的资源联合建设，贵馆更倾向于哪种方式	□项目申报 □资源征集 □其他_____
	期望联合建设数据库主题是	□中华文明资源 □立法决策服务资源 □学术基础研究资源 □社会文化知识 □公民终身学习资源 □民族文化资源 □少年儿童资源 □特殊群体资源 □其他_____
	对资源建设工作的意见和建议：	

续表

标准规范	贵馆现有标准规范有	□汉字处理规范　□唯一标识符规范　□对象数据规范　□元数据规范　□知识组织规范　□资源统计规范　□长期保存规范　□其他_____
	期望使用推广工程标准规范有	□汉字处理规范　□唯一标识符规范　□对象数据规范　□元数据规范　□知识组织规范　□资源统计规范　□长期保存规范　□其他_____
人员培训	培训内容	□数字图书馆理念普及　□软硬件及网络平台建设　□数字资源建设及合作共建　□新媒体服务开展　□其他_____
	培训形式	□集中培训　□专题研讨　□在线学习　□人才交流　□示范点参观交流　□其他_____
	对培训工作的意见和建议：	
宣传工作	贵馆认为建立通讯员机制是否必要	□是　□否
	贵馆认为推广工程宣传方式有	□电视　□报纸　□网站　□内部刊物　□讲座　□展览　□宣传册　□其他_____
	对宣传工作的意见和建议：	

附录三 2013 年数字图书馆推广工程省级图书馆实施情况调研表

单位名称	
填报时间	
1. 本馆数字图书馆财政投入	数字图书馆建设专项经费＿＿＿万元 推广工程配套经费＿＿＿万元
2. 硬件设备情况	硬件设备到位情况：　　□已到位　　□未到位
3. 省内地市级馆虚拟网建设情况	已连通＿＿＿个地市级图书馆。 （名单）＿＿＿＿＿＿＿＿＿＿＿＿＿＿＿＿＿＿＿
4. 省内地市级馆系统服务平台部署情况	已开展＿＿＿馆，共＿＿＿次系统平台部署。 ＿＿＿＿＿＿＿＿＿＿＿＿＿＿＿＿＿＿＿＿＿＿＿ ＿＿＿＿＿＿＿＿＿＿＿＿＿＿＿＿＿＿＿（名单） （注：包括统一用户管理系统、唯一标示符系统、版权信息管理系统、推广工程运行管理平台、政府信息整合服务平台）
5. 资源建设量情况	本馆资源建设总量：＿＿＿TB，其中自建资源＿＿＿TB，外购资源（本地镜像）＿＿＿TB。
6. 开展数字图书馆人才培训	第三季度，组织全省基层图书馆员开展数字图书馆专题培训班＿＿＿次、受训＿＿＿人次。
7. 本地数字图书馆建设与服务方面的较大进展和突出成绩	（简述）＿＿＿＿＿＿＿＿＿＿＿＿＿＿＿＿＿＿＿ ＿＿＿＿＿＿＿＿＿＿＿＿＿＿＿＿＿＿＿＿＿＿＿ ＿＿＿＿＿＿＿＿＿＿＿＿＿＿＿＿＿＿＿＿＿＿＿

注意：所有项目必须填写，如未开展相关工作，请填写"无"。

附录四　2013 年数字图书馆推广工程
地市级图书馆实施情况调研表

单位名称	
填报时间	
1. 本馆数字图书馆财政投入	数字图书馆建设专项经费_____万元 推广工程配套经费_____万元
2. 硬件设备情况	硬件设备到位情况：　　□已到位　　　□未到位
3. 资源建设量情况	本馆资源建设总量：_____TB,其中自建资源_____TB,外购资源(本地镜像)_____TB。
4. 本地数字图书馆建设与服务方面的较大进展和突出成绩	(简述)_____ _____ _____ _____

注意:所有项目必须填写,如未开展相关工作,请填写"无"。